知出版

profile

七仙羽師傅簡介

- 曾到英國、馬來西亞、克羅地亞、斯洛維尼亞、德國、荷蘭、印度、尼泊爾、不丹、泰國等國家，以及台灣地區居住和修行。
- 10 歲左右就開始隨妙君法師學習唸經、法科、命理等等知識。之後在馬來西亞，以及台灣地區拜師無數及修煉，並到歐洲學習西洋魔法。
- 留學期間，大學主修新聞系，碩士主修商業管理，並以全級第一名畢業，得到獎學金榮譽。
- 大學新聞系畢業後，於台灣電視台 TVBS 新聞部任職記者，之後任職數家媒體，曾當財經記者、健康雜誌總編輯等。
- 工作期間，開始幫助藝人觀氣色，以至後來的命理占卦，皆能洞察先機，因而得到很多人的認同；興趣使然，終由半兼職，轉為全職玄學命理師傅。
- 外國學成之後回香港，她努力將外國文化在東方普及，把中西理論合璧，取其精華；其擅長中、西法科，合二為一，坊間少有；旨在造福人群，為眾人提升運氣，改變內心負面情緒，學會能量意念的運用，令生活質素提升，從而找到人生快樂之源。
- 工作以外，常鼓勵大眾多行善多助人。特別成立香港素食慈愛中心，長期舉行免費贈藥、免費贈食物、派飯、探訪長者、為老人剪髮、放生和禪修等活動。

✦ 歷年來先後與多家電視台、媒體合作，包括：

- 2007-2013 年，為亞視拍攝風水節目。
- 2009-2013 年，為有線電視生活台主持綜藝節目，談男女感情、健康生活資訊、與明星藝人訪談、每日新聞分析、飲食和旅遊等等。
- 2010 年至今，拍攝香港網絡電台靈異節目《恐怖在線》及眾多網台節目。
- 2012-2014 年，擔任有線電視《怪談》節目的嘉賓主持。
- 2013 年至今，為加拿大中文電視台香港分部，擔任財經節目主持。
- 2016 年至今，多次參與 Viu TV 電視節目。2020 年 7 月播放的《鬼同你上位》，取得極高收視率。
- 2020 年 8 月起，拍攝香港開電視節目《怪談異動中》，也取得高收視率。
- 2022 年 8 月首次舉行個人大型「唱笑會」。
- 2023 年年初於香港開電視《開運秘笈 2023》擔任共 26 集嘉賓。
- 2023 年 10 月起於香港開電視主持《東呃西騙》節目。

目錄

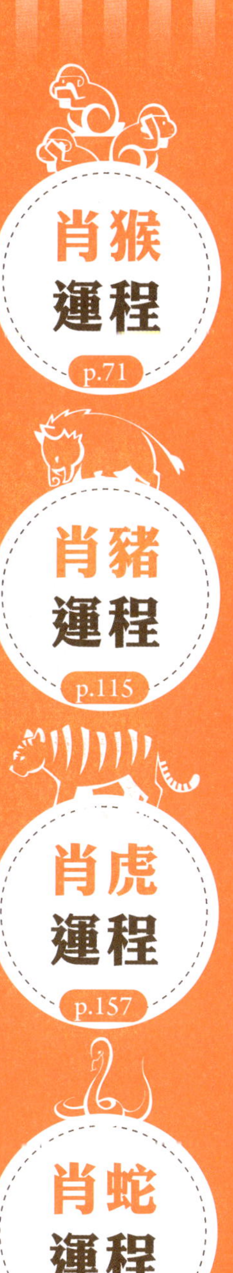

Contents

目錄

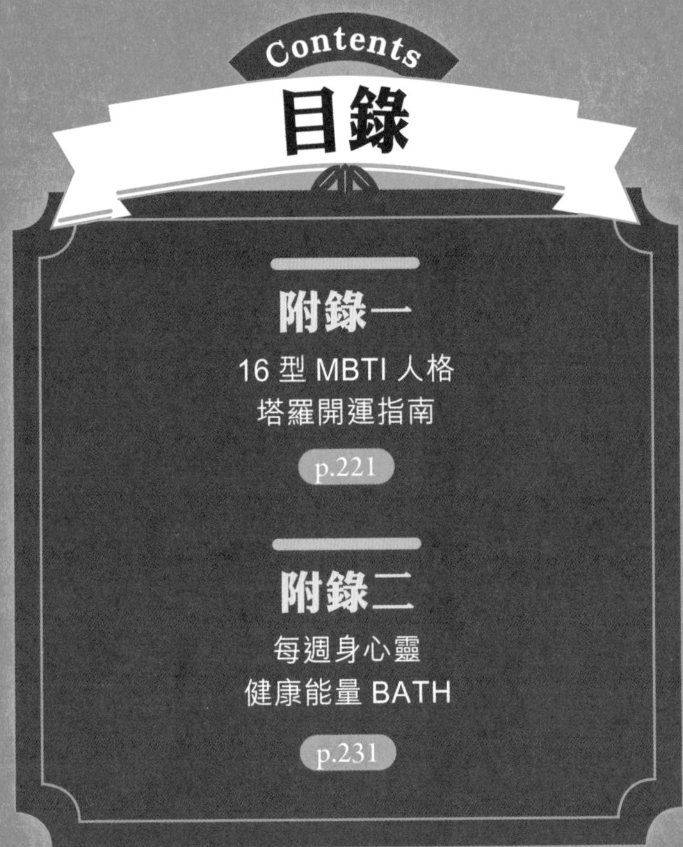

二〇二六
局勢預測
丙午馬年
第一章

進入 2026 年，作為正進入九運的第三年，仍然延續 2024 年及 2025 年的變動，我們將繼續經歷各種大變動，各方面都會有些起伏，而這個波動是來自整個世界的，並不只影響運勢好或運勢差的人。

在我們深入探討每個生肖的流年運勢前，讓我們先一起站在更高的視角，感受一下 2026 年整個世界大環境的能量流動。了解大勢，就像知道天氣的變化，能讓我們更從容地準備雨傘或享受陽光。更重要的是，師傅要告訴你：無論外界如何變化，你內心的「善念」與「平靜」，永遠是你最強大的導航和避風港！

世界大勢：變化是常態，善念是解方

觀察天象與世運，2026 年依然會延續「變化加速」的基本方向。世界各層面 —— 經濟、科技、環境、國際關係 —— 都可能像大海一樣，時而風平浪靜，時而波濤洶湧。面對無常，焦慮、抱怨或抗拒，只會讓我們在浪濤中更加顛簸。所以在 2026 年，大家更要懂得以善良和平靜的心態去應對問題。

經濟面臨調整與轉型的陣痛期

舊的模式在轉變，新的機會在萌芽。2025 年在金融行業中發生的變化會繼續在 2026 年讓行業有劇烈的變動，適應力強或愈能接受改變的人會更能夠得到好運，乘着變化而絕地重生。

財富的能量，會更傾向於流向那些秉持「誠信」、「創造真實價值」、「樂於分享」的個人與企業。記住佛菩薩的教誨：「貪婪是苦的根源，知足與布施是富足的泉源。」與其盲目追逐數字，每個人或公司如果可以專注於提供對他人有益的服務或產品，財富自然會追隨善業而來。如果過於短視，只着重眼前利益而做一些不擇手段的事情，果報會更加快呈現。

科技躍進雙刃劍

AI 與各種新科技會更深入地融入生活。這把雙刃劍，用得好能造福人類，用得不好也可能帶來疏離與煩惱。關鍵在於我們是否能用「正念」和「慈悲心」來運用科技。

每個人在受到科技衝擊，和工業革命帶來的焦慮時也記得提醒自己：科技是工具，不是主人。多留一些時間給真實的相處，給大自然、給自己安靜的片刻，保持心靈的清明與人性的溫度。

2026 年會有更多大躍進，一些意想不到的情況會發生，讓傳統的價值觀受到衝擊。更多黑天鵝事件會在各個行業中發生，尤其在醫療、教育方面。

因為踏入九運第三年，騙案將會非常多，亦有機會因為對科技應用的普及而愈趨嚴重。大家在使用 AI 創新科技時要更特別留意製造的事物有否與現實需求接軌，愈能夠穩定地接軌，此類科技才能產生更多價值。

部分環境資源上的應用可能將會由 AI 作主導，環保成效或有望突破。若有興趣投資可多留意這方面。

極端氣候與環境保護的持續受到高度關注

我們對地球的每一分傷害，最終會回到自己身上；而每一個微小的環保善舉（節約資源、減少浪費、愛護生命），都是在為自己、為子孫積累無量的福報。善待地球，就是善待自己未來的風水。

2026 年立春有水火並存，意味着全球暖化議題加劇，大家亦會見到更多因為全球暖化而帶來的災害，能源轉型政策將成關鍵課題。若各國能遵循「互利共榮」原則（火之正面性），可緩解地緣衝突；反之極端主義（火之負面性）恐引發區域動盪。

2025 年地球已有很多氣候波動的情況，其中在世界各地帶來的考驗和衝擊只是一個小前奏，2026 年將會有更多小災禍，尤其五黃坐正南，極凶，在正南方的國家可能會有一些因意外或疾病帶來的大型傷亡事件，前往這一帶旅行的話要多加注意。

產生明顯的價值觀碰撞及分化

社會上不同聲音、價值觀的碰撞可能依然明顯。其實 2025 年這種情況已經開始加劇，很多不同的團體和價值觀有激烈的對立局面。

師傅會提醒大家要記得練習用理解代替批判，用祝福代替詛咒，用善意化解對立。你的平靜與善意，會像漣漪一樣擴散，成為紛擾世界中的一股清流。

2026 年的核心能量與功課

綜觀全局，2026 年給大家的核心課題與能量關鍵字是：

1. **善心的力量：**這是最強大、最根本的轉運法則！因果律真實不虛，每一絲善念、每一句好話、每一個助人的小行動，都在無形中編織着你未來的好運網。世界愈動盪，愈需要善的能量來平衡。

   從今天起，把「日行一善」當成習慣，你會發現，好運真的會跟着來！

2. **內在的平靜：**外在的風浪無法避免，但我們可以選擇不被它捲走。「心平則世界平」。培養內在的定力與平靜，是 2026 年最重要的生存與發展技能。

   當你的心像平靜的湖面，才能清晰映照出解決問題的方法，也才能吸引平順和諧的人和事物過來。

3. **擁抱變化，靈活應對：**抗拒變化只會帶來痛苦。學習像水一樣柔軟、有韌性。佛家說「放下執着」，不是要你放棄努力，而是放下對「結果必須如何」的固執期待。專注於當下能做的善行與努力，保持開放的心態迎接新的可能性。
4. **回歸本心，連結真實：**在資訊爆炸、節奏飛快的時代，更容易迷失自我。2026 年的能量鼓勵我們：慢下來，傾聽內心的聲音。多問問自己：「甚麼是真正重要的？」「甚麼能帶給我內心的踏實與喜悅？」回歸家庭、回歸自然、回歸真誠的關係，回歸對生命的感恩。這份「真」，就是最穩固的根基。

2026 年通關密語：以善為光，照見豐盛

身心靈安頓法寶

1. **靜心術：**每日清晨靜坐 5 分鐘，觀想白光籠罩全身，連續唸 3 次心經，21 次心經心咒。
2. **情緒轉念功：**當焦慮襲來，立刻寫下三件感恩事（例：「感謝陽光照暖衣袖」），並對自己說：「我允許一切發生，因我知道平靜是最深的力量。」
3. **善業日日行：**莫以善小而不為，積少成多，你的小行為已經可以幫助更多正能量散播出去。

a. 對外賣員說：「辛苦了，謝謝你。」

b. 傳暖心訊息給久未聯絡的親友。

c. 吃每頓飯前感恩：「謝謝宇宙讓我可以吃到這頓飯。」

4. **謹言慎行：**在社交媒體上說些稱讚人感謝人的說話，慢慢就會發現自己的人緣變得越來越好。

祝大家 2026 年一切順順利利，生活幸福美滿快樂！

師傅愛你！❤

二〇二六
九宮飛星圖
及趨吉避凶注意事項
丙午馬年
第二章

2026年

九宮飛星圖

巽 東南方 木

長女｜鼻、神經系統、四肢｜東區

九紫右弼星

火 ☑火木 ☒水金土

喜神位｜九運得令 / 大吉

結婚、人緣、訂親、添丁、喜慶

旺運：保持整潔，光線充足、開風扇、燒蠟燭、放紅或紫地毯、龍龜或天降 BB 擺件

不宜：堆放雜物、放水池或魚缸、藍 / 黑 / 灰或綠色物品

木生火 / 趨旺吉星

震 正東方 木

長子｜肝、膽、四肢｜西貢、黃大仙、觀塘

八白左輔星

土 ☑土火 ☒木水金

正財位｜吉

財運、置業

旺運：開門 / 窗、放座位、卧床、爐灶、紅或紫地毯、電器、招好運壇城

不宜：堆放雜物、放水池或魚缸、藍 / 黑 / 灰或綠色物品

木剋土 / 稍微減弱旺氣

艮 東北方 土

㸚仔｜背、脾胃消化系統、腳｜沙田

四綠文曲星

木 ☑金火土 ☒木水

文昌位

文運、官位、事業

旺運：放書桌、常綠植物（富貴竹）、文昌塔或是毛筆筆架、文殊劍、水種植物、水池或魚缸、藍 / 黑 / 灰或綠色物品

不宜：堆放雜物、燒蠟燭 / 香、放紅 / 紫或黃色物品、盆栽植物、焗爐、煮食爐、微波爐、金屬裝飾或裝置

木剋土 / 稍微減弱旺氣

2026
太歲方位

離 正南方 火

次女｜心、目｜南區、中西區、灣仔

五黃廉貞星

土 ☑水金 ☒火土木

五黃位｜失令 / 最凶

意外、凶禍、疾病、傷害、死亡

化解： 放白 / 金 / 銀 / 灰色物品　大鵬鳥、時輪金剛咒牌

不宜： 堆放雜物、動土裝修、放紅/紫或黃色物品鏡子、衣帽架、盆栽植物、焗爐、煮食爐、微波爐、長時間坐或睡或工作

火生土 / 凶性增長

坤 西南方 土

母親 / 女主人｜腹、心、目｜離島

七赤破軍星

金 ☑火木水 ☒土金

破財位｜凶

破財、漏財、破敗、損失

化解： 增加照明、放紫或紅色的物品、一杯經常更換的水、化煞寶瓶

不宜： 堆放雜物、放置陶瓷擺設、啡色等屬土物品、白 / 金 / 銀 / 灰色或金屬物品、刀劍擺設

土生金 / 凶性增長

中宮方 土

全家家運｜油尖旺、深水埗、九龍城

一白貪狼星

水 ☑水金 ☒土火木

桃花位｜吉

人緣、感情、桃花旺偏財運

旺運： 放鮮花（紅色 / 粉紅，百合 / 玫瑰）、粉晶、蝴蝶結或花朵裝飾

不宜： 已婚催旺、堆放雜物、太歲位不宜動土

土剋水 / 稍微減弱旺氣

兌 正西方 金

孻女｜口、肺、呼吸系統｜屯門

三碧祿存星

木 ☑金火土 ☒木水

是非小人位｜失令 / 凶

是非、官災、競爭、矛盾、爭鬥

化解： 放紅 / 黃色或金屬物品、紅酒櫃、正能量好運塔

不宜： 動土裝修、放梳化或餐桌（或其他可讓人聚在一起的擺設）

金剋木 / 凶星力量稍微減弱

2026
歲破

坎 正北方 水

次子｜耳腎膀胱泌尿系統｜北區、大埔

六白武曲星

金 ☑金土 ☒火木水

偏財位｜吉

橫財、貴人

旺運： 放黃財神、招財寶鼠、冰山畫、白 / 金 / 銀 / 灰色物品、金屬裝飾或裝置、開風扇

不宜： 堆放雜物、放水池或魚缸、藍 / 黑 / 灰或綠色物品

金生水化金 / 稍微減弱旺氣

乾 西北方 金

父親 / 男主人｜頭肺喉鼻大腸｜葵青、荃灣、元朗

二黑巨門星

土 ☑木水金 ☒火土

病符位｜大凶

疾病、傷痛

化解： 放會發出聲音的金屬物品、水種植物、灰 / 白色地毯、大鵬鳥擺設

不宜： 堆放雜物、動土裝修、燒蠟燭 / 香、放紅 / 紫或黃色物品、盆栽植物、焗爐、煮食爐、微波爐

土生金化土 / 稍微削弱凶性

依據九宮圖，2026 丙午馬年九宮飛星風水佈局設計及化解方法如下：

✦東南方（九紫右弼星）喜神位

主姻緣、感情、生孩子

吉星屬火，方位屬木，對應家中長女，鼻、神經系統、四肢。

☑火木 ☒水金土

九紫右弼星飛星東南方，是 2026 年的風水喜神位，也可以稱桃花喜慶位。九紫星是九運得令旺星，九紫屬火，正東屬木，木生火，方位屬性本就能趨旺吉星，令吉星旺上加旺，令它在 2026 年成為一顆超強勁的喜慶之星，代表着各種喜事，助旺烟緣、感情、生子。如佈置得好，好好利用，本年家中一定能喜事臨門，如結婚、人緣、訂親、添丁、喜慶。尤其利於家中長女。

東南方旺運方法

- 正東方要保持整潔、乾淨，氣場流通，光線充足，有利於喜事臨門。
- 增加此方位的照明度，愈多燈泡愈好。
- 可擺放風扇，吹旺氣場。
- 有使用香薰蠟燭習慣的，可多在這個方位點蠟燭。
- 如果有汽車模型或玩具，可擺放在此方位。

✦ 擺放紫或紅色地毯，有催旺風水的效果。

✦ 在此方位擺放龍龜或天降 BB 的擺件，有利於催旺九紫貴人星，喜慶盈門，旺事業、旺家宅、旺生育。

東南方不宜事項

✦ 不宜堆放雜物、垃圾。

✦ 不宜放藍、黑、灰或綠色物品。

✦ 不宜放水種植物、水池或魚缸。

✦正南方（五黃廉貞星）五黃煞

主凶災、禍患、大災害

最凶星屬土，方位屬火，對應家中次女，心、目。

☑水金 ☒火木土

五黃廉貞星飛臨正南方，是 2026 年的風水五黃位。五黃星又稱「五黃煞」、「正關煞」，在九運中是失令退運星，所以無論在八運還是九運，也是最凶的一顆凶星，代表着意外、兇禍、疾病、傷害、死亡等凶事，亦較為容易招邪。凡正南方有雜物，不收拾很混亂的，本年主人運氣容易有下滑，尤其是從事房地產行業、農業的人受害嚴重；另外正南方主心、目健康，這些身體部位會比較容易有問題。五黃星屬土，方位屬火，火生土，今年五黃凶性，不容輕視，心、目較易出現毛病。

正南方五黃煞化解方法

- 多擺放白、金、銀灰色物品，或使用金屬家具。
- 如果是座位、臥床在五黃方位的，在條件允許的情況下，應該考慮調換方位。
- 如果座位或睡房在五黃方，而今年又犯太歲之人更要小心，出行要遵守交通規則，避免危險性運動，立春後可以去捐血，或者做健康體檢驗血，暗示在未發生意外血光之前已見血光。
- 如果座位、臥床、爐灶位於五黃位的住宅，本年易招惹意外的凶禍，需要格外小心。
- 五黃方放大鵬鳥可化解五黃之凶煞，使之逢凶化吉，轉危為安。
- 可請已開光的時輪金剛咒牌，阻擋一切人、事、物、風水的凶煞。

正南方不宜事項

- 不要在五黃方擺放鏡子、衣帽架。
- 不宜動土裝修，不然會招致凶險大病纏身。
- 不宜擺放紅、紫或黃色物品。
- 不宜放置盆栽植物、焗爐、煮食爐、微波爐。
- 不宜堆放雜物、垃圾。
- 不宜長時間坐、睡或工作。

✦西南方（七赤破軍星）破財位

主破財、漏財、父親不佳

凶星屬金，方位屬土，對應家中母親 / 女主人，腹、心、目。

☑火木水 ☒土金

七赤破軍星飛臨西南方，是 2026 年的風水破財位。七赤星也是退運星，主破財、漏財，七赤屬金，西南屬土，土生金，凶星凶性會被增強。七赤星代表破敗、損失、口舌、酒色、緋聞等事件，也代表火險，此星需要化解。

西南方破財位化解方法

- 多在此方位擺放紫或紅色的物品。
- 增加此方位的照明度。
- 可在此方擺放一杯水，水經常要更換及保持潔淨。
- 可在此方位擺放化煞寶瓶來化解煞氣。

西南方不宜事項

- 不宜堆放各種雜物。
- 不宜放置陶瓷擺設和啡色等屬土物品。
- 不宜擺放白、金、銀灰色物品，或使用金屬家具。
- 不宜擺放刀劍一類的凶性物件，避免引發血光之災。

✦正東方（八白左輔星）正財位

主財運、置業

吉星屬土，方位屬木，對應家中長子，肝、膽、四肢。

☑土火 ☒木水金

八白左輔星飛臨正東方位，正東方是 2026 年的風水正財位，正東方五行屬木，方位屬性稍微減弱旺氣，是本年流年要留意催旺的財位，保護財運、置業、升職機會等。

正東方旺運方法

- 旺位宜開門、開窗。
- 擺放座位、卧床、爐灶在旺氣方。
- 若大門、卧室、辦公室在此方位，可在門口放紅色或紫色地毯輔助催旺。
- 可擺放各種電器。
- 可以在此方位擺放金剛強大四面八方招好運壇城，吸引一切好運及財富。

正東方不宜事項

- 不宜堆放雜物、垃圾。
- 不宜放藍、黑、灰或綠色物品。
- 不宜放水池或魚缸。

✦中宮方（一白貪狼星）桃花位

主感情、人緣

吉星屬水，方位屬土，對應全家家運。

☑水金 ☒土火木

一白貪狼星飛星中宮方，中宮方是 2026 年的風水桃花位。一白星是當運的得令之星，所到的方位是吉利的方位。貪狼星代表人的感情，得令的時候可催旺桃花、人緣、名氣、官運和財運。一白屬水，今年又飛到屬土的方位，土剋水，稍微減弱旺氣，是本年流年要留意催旺的方位。

一白星對未婚男女來説是最吉利的，催旺後也有利單身人士找到新的對象，或增進戀愛感情。對從事銷售、需要與人打交道的行業，更要好好把握家中的東南方，如能催旺此方位，有助於業績的提升和貴人的扶持。

中宮方旺桃花運方法

- 可以在家宅桃花位上，擺放鮮花（紅 / 粉紅色為佳），及一張自己喜歡的明星照，再擺放旺桃花風水吉祥物（例如已開光的粉晶），桃花運會很快旺起來。
- 關於擺放鮮花，可在桃花位擺放 7 支玫瑰花，玫瑰象徵滿載愛意浪漫；玫瑰花能帶旺桃花運，但必須將花枝上的刺拔掉，有刺的花不利桃花運，反而帶來很多阻滯。

- 若是最想旺人緣，可加放 7 支黃色百合，增強桃花位正能量，改變氣場，粉紅色旺戀愛，黃色旺財。記得要放鮮花，乾花、白花或菊花是不可以的。
- 單身者，可以在桃花位擺放桃花陣，及喜歡的明星或心儀對象已開光的相片，很快就可跟意中人情投意合。也可以放化妝枱，上面多放有關情感的雜誌書籍，封面最好是師哥美女，也可擺放有利自己生肖的三合之物，增加桃花氣場。
- 若桃花位有門窗，可用粉紅色油漆、蝴蝶結或花朵裝飾；多開窗，讓陽光照射入房，防止爛桃花。

中宮方不宜事項

- 如果桃花位位於廚房或廁所，會導致桃花位受污，非常不好。廁所五行水旺、廚房五行火旺，如果正好位於家中的桃花位，必然會導致桃花遇水，糜爛不堪，成為爛桃花。
- 已婚家庭不需要催旺，避免出現婚外戀。
- 夫妻臥室也忌位於流年桃花位。桃花位雖然主宰夫妻關係的和諧，夫妻臥室位於桃花位不但不能改善情感關係，還會招來爛桃花，容易在兩人之間出現插足的第三者，夫妻之間會產生猜疑及口舌之爭，甚至導致夫妻關係破裂。
- 不要堆放雜物、垃圾，保持整潔。

✦正西方（三碧祿存星）是非位

主是非、官非、小人

凶星屬木，方位屬金，對應長女，口、肺、呼吸系統。

☑金火土 ☒水木

三碧祿存星飛臨正西方，三碧星為是非之星，主競爭、是非、矛盾、爭鬥、吵架、小人，2026 年九運此星為退運星，當星宮相剋的時候，就會令人口舌是非，惹起官非。正西方五行屬金，三碧星屬木，金剋木，凶星力量稍微減弱。

正西方是非位化解方法

- 多在此方位擺放紅色、黃色或金屬物品。
- 若有紅酒櫃，可在此擺放（紅酒屬火）。
- 擺放宇宙最強正能量好運塔，讓正能量中和是非星帶來的影響，更有效。

正西方不宜事項

- 不宜動土。
- 不宜擺放梳化或餐桌（或其他可讓人聚在一起的擺設），因為易引起家庭成員在這個區域內發生口舌之爭。

✦東北方（四綠文曲星）文昌位

主學業、事業

吉星屬木，方位屬土，對應家中孻仔，背、脾胃消化系統、腳。

☑木水 ☒金火土

四綠文曲星飛臨東北方，東北方是 2026 年的風水文昌位，此方位可以提升讀書學業、考試運、面試、官位、事業運、容貌；但在 2026 年，此為失令星，方位屬性相剋，木剋土，削弱了旺氣，運弱者忽視此方位容易招惹是非口舌。文昌星催旺後，除了對進修人士或學生有幫助外，對於老闆和打工人士在處理文書和契約時也會加強運勢，讓事情更順利。

東北方旺運方法

- ✦ 擺放書桌，能提升學習效率。
- ✦ 擺放 4 枝常綠植物，例如富貴竹，形成文昌的風水巒頭。
- ✦ 在書桌上擺放文昌塔或是毛筆筆架類的老物件，對文昌風水的增旺效果更佳。
- ✦ 用開光加持過的文殊劍，可令學業成績迅速提升。
- ✦ 放水種植物、水池或魚缸，和藍、黑、灰或綠色物品。

東北方不宜事項

- ✦ 不宜堆放雜物、垃圾。

- 不宜燒蠟燭或香。
- 不宜擺放紅、紫色或黃色物品。
- 不宜放置焗爐、煮食爐、微波爐。
- 不宜擺放金屬裝飾或裝置。

正北方（六白武曲星）偏財位

主橫財、貴人、投資

吉星屬金，方位屬水，對應家中二子，耳、腎、膀胱、泌尿系統。

☑金土 ☒火木水

六白武曲星飛臨正北方，由於六白星是當運的失令退運星，六白武曲星得令專主偏財和官通，但失令可能會令人失財，但六白屬金，方位屬水，金生水化金，所以武曲星今年力量未必很大，只屬小吉。

正北方旺運方法

- 可在此方位擺放黃財神或招財寶鼠，以催旺財星，並化煞氣。
- 可在此方擺放風扇，經常打開，可催旺金氣。
- 可放一張冰山畫，有靠山之餘也可以補金。
- 多擺放白、金、銀灰色物品。
- 可擺放金屬裝飾或裝置，例如金屬健身器材，多使用還能增強抵抗力。

正北方不宜事項

- 不能有雜物，會令運氣下滑，尤其是從事科技行業、房地產行業、碱業、農業的人，這個情況更明顯。
- 如果是座位、臥床在正北方的，最好調換位置，亦不要在正北方擺放紅色物品。
- 不宜放藍、黑、灰或綠色物品。
- 不宜放水池或魚缸。

西北方（二黑巨門星）病符位

主疾病、傷痛

大凶星屬木，方位屬金，對應父親 / 男主人，頭、肺、喉鼻、大腸。

☑木水金 ☒火土

二黑巨門星飛到西北，是 2026 年的風水病符位。二黑星又稱「病符星」，所到之處，會帶來疾病和傷痛、災厄、鬱結、傷心、破財、意外、夫妻不和，對人和寵物都不利。方位屬性為金，土生金化土，稍微削弱凶性，方位煞氣將會較重，影響全家。凡是座位、卧床以及爐灶在病符位的住宅，易生病及舊病復發。要密切關注自己及家人的健康，有病災之年，自己和家人可以做一次健康體檢，防患於未然。方位要保持整潔，不要堆放雜物。

西北方病符位化解方法

- 空調、風扇、開窗在病符位的，會將病氣吹散到屋內，最好能改變位置，若不能則要減少使用該方位的電器。
- 可放會發出聲音的金屬物品、水種植物。
- 若大門、臥室、廚房等正好落在病符位，可在門口放置一張灰或白色地毯輔助化解。
- 還可量力做些慈善捐贈，為自己和家人積累福德資糧。
- 可以用大鵬鳥擺設化解，大鵬鳥可以吃掉一切病氣及衰氣。大鵬鳥專吃一切的龍、蛇、雞，除了防降術、詛咒、化小人，還可以避免第三者出現，所以家家都要放隻大鵬鳥。大嘴裏叼着毒蛇，雙翅燃燒着火焰，以火焰焚燒一切惡龍。

西北方不宜事項

- 不宜動土裝修。
- 不宜燒蠟燭或香。
- 不宜擺放紅、紫或黃色物品。
- 不宜放置盆栽植物、焗爐、煮食爐、微波爐。
- 不宜堆放雜物、垃圾。

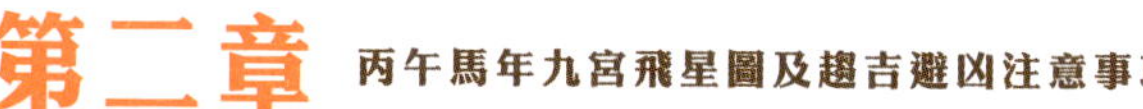

二〇二六
十二生肖
運勢排行榜
及化解犯太歲
丙午馬年
第三章

第1位 羊 合

2026年吉星高照，事業得貴人提攜，海外發展機會顯著。惟需注意情緒波動影響判斷，避免與親友有金錢往來。健康方面留意長輩狀況，春季做體檢為佳。財務規劃宜保守，重大投資暫緩。

2026年福星助力，單身者易遇良緣，合作洽談順利。需防文件糾紛，簽約前務必覆核細節。人際關係避口舌之爭，遠離是非場合。健康無大礙，但避免高風險運動。

第3位 龍

2026年學業考運突出，進修深造成果顯著。事業三月後漸入佳境，重要文件需多重備份。家宅事務耗神，長輩健康多關懷。避免借貸擔保，理財以穩健為主。

第4位 狗 三合

2026年職場地位提升，管理層決策力增強。合作事項慎選夥伴，勿替人作保。家宅裝修可轉運勢，西北方擺金屬擺件助運勢。健康留意意外擦傷，運動前要熱身。

第5位 牛 害太歲

2026年長輩助力顯著，土地相關事務順利。財運波動較大，避免衝動消費。職場情緒易焦躁，重大決定前宜冷靜三日。使用金屬器械需謹慎，駕車時多檢查煞車系統。

第6位 雞

2026年公職晉升機會佳，女性事業運突出。婚戀事宜夏季最佳，但合作避生肖屬兔者。健康注意小手術風險，捐血可應驗血光。受流言困擾時保持沉默最明智。

第7位 豬

2026年外派調職機會多，把握異地發展可能。隨身財物需謹慎保管，零錢施捨可轉小耗。情感易生隔閡，多陪伴家人。舊疾復發早檢查，農曆七月避熬夜。

第8位 猴

2026年出差搬遷頻繁，適應變動可獲轉機。親子關係多用心，週末家庭活動增溫情。長輩健康早關注，贈紅色衣物表心意。投資忌貪快錢，實業為佳。

2026年低調行事為上，職場忌鋒芒畢露。健身避重量器械，駕駛保持安全距離。財務易波動，應預留備用金，冬至捐舊衣助轉運。是非當頭暫退讓，事後自見分曉。

2026年轉職跳槽良機顯，三月把握新崗位。健康注意慢性病，艾灸養生有助益。美容投資暫緩，合約條款細審核。

2026年領導才能受肯定，但重大決策宜多方諮詢。車掛平安符防金屬傷，探病弔唁事宜謹慎。本命年備紅色內襯衣物，財務規劃留三成周轉金。

2026 年重要事項備三套方案，簽約避開月末。錢財往來防詐騙，舊債年前清理。情緒低落時晨跑迎陽，臥室窗台放綠植。冬至捐贈保暖物資助轉運。

「犯太歲」指的是一個人在某一年的生肖或出生日子和時辰與當年的太歲星君的位置形成特定的不利關係，可能會導致各種挑戰和不順，對人們的日常生活和運勢產生影響。在這一年中，特定的生肖、方位、日子和時辰（即出生的具體日期和時間）犯太歲，意味着可能會遇到各種挑戰和波折。運弱的人會受到較大影響，要多留意和盡量化解。

2026 年太歲的主要影響生肖包括**馬（午）、鼠（子）、牛（丑）、兔（卯）**。

太歲星君：文哲大將軍

太歲方位：正南方

歲破方位：正北方

生肖犯太歲為甚麼日子和時辰也會有影響？

除了生肖，日子和時辰（即出生的具體日期和時間）也是判斷一個人是否犯太歲的重要因素。根據中國農曆，每一天都與特定的

地支相關聯，而每個時辰（兩小時一個時段）同樣對應於十二地支之一。

如何判斷日子和時辰是否犯太歲

- **日子的地支：**每個日子都有一個與之對應的地支。若某人出生的日子地支與當年太歲地支相同、相沖、相刑、相害或相破，則代表該日子犯太歲。
- **時辰的地支：**出生時辰的地支與當年太歲地支的關係也同樣重要。例如，若某人出生在巳時（上午 9 至 11 時），而當年太歲為寅，則此人在該年的太歲影響下會有所不利。

若果不知道自己的出身日子和時辰地支是甚麼，會否犯太歲，歡迎向七師傅查詢。

太歲星君：文哲大將軍

2026 年的太歲星君名為「文哲大將軍（本名王縝，字文哲）」，明代廣東東莞人，成化年間進士，官至戶部尚書。任內以清廉剛直著稱，主張減免苛稅、整頓財政，曾奏請罷黜貪官、賑濟災民，深得民心。丙午年屬「天河水」，結合丙火（太陽之火）與壬水（天河之水），形成「水火既濟」之勢，象徵文明創造與動態調和的平衡。

名字犯太歲

除了生辰影響，名字若包含太歲相關的字也會犯太歲，例如：

- 「哲」字（與太歲同名）；
- 「火或馬」部首（丙午象徵）。

太歲位正南方

正南方位在風水學中常與火元素相應，象徵熱忱與行動力。然而太歲星君臨此方位時，過度活躍易引發能量失衡，故建議此方避免動土、裝修等重大工程。

因太歲坐鎮正南，相應的歲破方位在正北方。

空間犯太歲

住宅坐落國家或城市的正南（太歲方）或正北（歲破方）即屬空間犯太歲。可依地理經緯劃分，檢視居所核心區域方位。

若家宅大門、臥床、辦公位處正南或正北，亦將牽動能量場：

- **太歲方（正南方）：**如果家中的主要入口、睡床或辦公桌等位於這個方向，可能會導致家庭成員或辦公室工作人員在那一年遇到挑戰或阻礙，如健康問題、職業困難或人際衝突。此位置若為關鍵區域，易現心力耗竭、決策躁進或失序。

- **歲破方（正北方）：**位於這個方向的重要空間同樣會招來不利影響，如意外、損失或安全問題。此方若設要處，恐遇資源突耗、電子故障或循環系統失衡。

犯太歲的種類

以下是幾種常見的犯太歲特點，包括值太歲、沖太歲、刑太歲、害太歲和破太歲：

種類	影響和建議	2026 年犯太歲的人
值太歲 （正沖太歲）	**人生階段轉換壓力** 通常意味着一年中會遇到重大的變革或轉折，可能包括職業變動、居住地變更或重大生活事件。雖然可能伴隨着挑戰，但也是個人成長的機會。	● 馬（午） ● 出生在農曆 5 月的人 ● 出生在午日的人 ● 在午時（11-13 時）出生的人 **關鍵月份** ● 農曆五月（午月） ● 農曆十一月（子月沖午） 以上月份需加倍謹慎
刑太歲	**易爭執或合同糾紛** 可能會遭遇意外、小人是非或法律問題。在這一年中，應當格外謹慎，避免與法律有關的問題。	

種類	影響和建議	2026 年犯太歲的人
沖太歲	**人際衝突頻發** 代表衝突和對抗，可能會在人際關係、職業或健康方面遇到困難。建議在這一年中保持低調，避免進行重大的決策或改變。	● 鼠（子） ● 出生在農曆 11 月的人 ● 出生在子日的人 ● 在子時（23-1 時）出生的人
害太歲	**信任危機顯現** 可能會遇到背叛、欺騙或其他形式的人際關係問題。在人際交往中需要加倍小心，避免過於信任他人。	● 牛（丑） ● 出生在農曆 12 月的人 ● 出生在丑日的人 ● 在丑時（1-3 時）出生的人
破太歲	**突發性損失** 可能會有突如其來的挫折或失敗，如事業上的挫折或財務損失。建議在這一年中避免過度投機或冒險，並保持穩健的理財和生活方式。	● 兔（卯） ● 出生在農曆 2 月人 ● 出生在卯日的人 ● 在卯時（5-7 時）出生的人

如何化解？

除了要找師傅化太歲，大家也要留意以下幾個要點應對犯太歲：

1. 避免在太歲方進行任何動土工程，不要在這個方位堆放雜物。
2. 重新擺放家具 —— 調整家具的位置，特別是床和辦公桌的方向，避免直接面對太歲方或歲破方。
3. 使用風水擺件 —— 在相關方位放置風水擺件，如五帝錢、銅葫蘆或其他可以化煞的物品，以抵消負面能量。
4. 增加綠色植物 —— 在這些方位擺放綠色植物，可以增加正氣，有助化解不利影響。
5. 多行善事，如進行放生、公益慈善等，以善德化解太歲之災。
6. 在旅行出行時，要特別謹慎選擇方向和時間，避免踩踏太歲或歲破之地。

	2026 丙午馬年	2027 丁未羊年	2028 戊申猴年
馬	值太歲 刑太歲	合	
羊	合	值太歲	
猴			值太歲
雞			
狗	三合	刑太歲 破太歲	
豬		三合	害太歲
鼠	沖太歲	害太歲	三合
牛	害太歲	沖太歲	
虎	三合		刑太歲 沖太歲
兔	破太歲	三合	
龍			三合
蛇			刑太歲 破太歲 合

第四章

值太歲
刑太歲

1954
1966
1978
1990
2002
2014
2026

幸運顏色

紅色
火元素本色，
增強行動力與熱情

金色
火生土（土生金），
象徵財富與貴人運

幸運數字

3
木數（木生火），
強化創造力

9
陽極之數，象徵長久成功

27
2+7=9，雙重火運，
事業爆發力

整體運程

2026 丙午馬年對屬馬者而言，是考驗應變智慧與韌性的關鍵期，加上值太歲的雙重影響下，猶如駿馬行經崎嶇山徑，需審慎調整步伐方能穩步前行。此年運勢呈現「外動內守」特質 —— 事業領域能量賦予決策魄力，管理層可借勢整合資源突破瓶頸，尤其機械科技、跨國物流領域易顯領導鋒芒；正財宮位穩健，薪資獎金穩中有升，深耕專業者年終收益可期。

然而需警惕環境潛在風險 —— 春夏之交慎防交通意外，行車保持安全距離；秋冬金屬器械操作需專注流程，避免分心導致工傷。投資領域虛浮泡沫增多，高回報話術背後常藏陷阱，尤需警惕加密貨幣等波動資產。人際往來謹記「言多必失」，爭議時以書面溝通替代口角，重要協議務必經法律審視。

情感方面需細膩經營：已婚者關注伴侶身心健康，定期陪伴體檢勝過貴重禮物；單身者職場桃花暗藏流言風險，初期交往宜低調觀察人品根基。此年宜採取「火煉真金」心態 —— 壓力實為淬煉真我契機。日常可穿暖色系衣物提振精神，重大壓力後透過散步、泡澡等釋放焦慮，比玄學儀式更助維持內在平衡。

四季策略各有側重 —— 春季專注核心業務，避免分心開拓副業；夏季整合團隊矛盾，明確權責減少磨擦；秋季借力資深人脈，合作案水到渠成；冬季修養生息，為新年蓄積能量。記住，真正的轉機不在逃避挑戰，而在智慧轉化壓力為成長養分。

事業運

領導統御力顯著提升，年中可能接手跨部門專案或新市場拓展。管理崗宜把握時機優化流程，但需避免激進改革引發團隊不安。三月文件往來務必雙重核查，電子檔同步雲端防遺失；九月人員流動期，提前培養副手降低交接風險。

重大決策堅持「三維驗證法」：收集數據、諮詢專家、小範圍測試。簽約宜選精神充沛的上午時段，關鍵條款用螢光筆標註覆核。職場社交謹守分寸，避免私密話題流入公開場合。與生肖鼠者合作時，優先採用短期試點模式測試默契度。

此年事業精髓在於「穩中求進」—— 拒絕華而不實的頭銜誘惑，專注提升專業縱深度。當感到多頭馬車難以兼顧時，果斷暫緩次要任務，保住核心陣地即為勝利。

財運

正財如深泉穩湧，專業認證或技能升級將直接帶動收入增長。投資遵循「三三制原則」：三成現金存高流動性賬戶，三成配置穩定收益債券，三成嘗試熟悉領域機會。

警惕三類財務陷阱：虛擬貨幣暴利話術、熟人借貸擔保、未鑑定的珠寶收藏。借貸文件需明確抵押物明細與違約處置條款。秋冬購物旺季推行「48 小時冷靜期」，高價消費前等待兩日再決定。

創新理財策略 —— 每月將零錢存入獨立賬戶，年底化作自我獎賞基金；外幣投資對沖匯率風險，優先選擇比較多有權威好評的。記住，財富積累如種樹，根系穩固方能枝葉繁茂。

愛情姻緣運

情感波動期，單身者易遇「情境式桃花」——共同加班、培訓衍生的情愫，需冷靜分辨真心或依賴。新戀情首月保持低調，避免辦公室八卦干擾關係發展。

已婚者需建立「情緒緩衝區」——有工作壓力者進家門前深呼吸三次，用「今天有件趣事想分享」開啟溫馨對話。女性定期乳腺檢查列入家庭健康日程，伴侶陪同可強化支持感。

冬季關係敏感期，共同完成生活小目標比貴重禮物更能提升感情——合作烹飪新菜式、週末整理舊照片等。遇長輩干涉時，以「我們正在共同成長」代替爭辯，以化解代替壓力。

健康運

意外風險警示：五月自駕檢查輪胎制動系統，登山徒步備足防護裝備；十一月操作機械嚴守安全流程，勿因熟練而輕忽防護。

慢性病管理重在預防：久坐族群每45分鐘做「腰椎三式」——椅背後仰伸展、左右旋腰、貼牆站立。泌尿保養可每日晨起飲用300ml溫水，睡前溫水坐浴十分鐘。

心理能量維護：陰雨天開啟全光譜照明燈模擬日照，每週三次30分鐘快走釋放壓力。重大壓力後實施「感官重啟計劃」——冷熱水交替沖淋手臂、嗅聞柑橘精油、咀嚼脆蘋果，快速回歸清醒狀態。

西曆 2026 年 2 月 17 日至 3 月 18 日

事業方面需細心處理文書細節，避免因疏忽引發困擾。財運宜保守理財，親友借貸需審慎。感情有機會透過家庭聚會認識新對象。健康方面注意氣溫變化，適當調整衣着。

新春穩步前行，細水長流見真情！

西曆 2026 年 3 月 19 日至 4 月 16 日

職場溝通宜清晰明確，減少誤解。投資保持理性判斷，勿輕信高回報承諾。伴侶關係需多體諒包容，小事勿爭執。健康留意舊疾保養，適度休息為佳。

春風化雨潤無聲，體貼心意勝千言！

西曆 2026 年 4 月 17 日至 5 月 16 日

事務進展順遂，重要文件妥善保存。外出行程預留彈性時間，避免匆忙趕路。社交場合保持開放心態，自然互動更自在。戶外活動注意安全防護。

花開時節放寬心，從容自得福氣臨！

西曆 2026 年 5 月 17 日至 6 月 14 日

四月

工作資料謹慎保管，防範資訊安全風險。消費量力而為，避免衝動購物。情感關係真誠相待，曖昧不清易生困擾。通勤途中保持警覺，平安為重。

心清如鏡照本心，踏實前行最安心！

西曆 2026 年 6 月 15 日至 7 月 13 日

五月

交通出行遵守規則，安全駕駛莫急躁。理財勿貪快利，穩健規劃更長久。伴侶間安排溫馨相處時光，重拾默契。居家使用鋒利物品請專注留意。

平安二字值千金，細水長流見真心！

西曆 2026 年 7 月 14 日至 8 月 12 日

六月

財務波動期宜守不宜攻，靜待時機為上。團隊合作保持透明溝通，減少猜忌。社交往來觀察對方言行一致性。飲食小心生冷食物，顧護脾胃健康。

雲開霧散終有時，守得初心見月明！

西曆 2026 年 8 月 13 日至 9 月 10 日

七月

職場表現注意言行得體，維護專業形象。人際往來量力助人，莫勉強應承。情感交流真誠為本，避免複雜關係。身心調適可參與舒緩活動轉換心境。

真金不怕火煉，坦蕩自得清風！

肖馬

西曆 2026 年 9 月 11 日至 10 月 9 日

月

感情承諾宜用心經營，質樸真情勝浮華。家庭事務共同分擔，增進彼此理解。健康檢查定期進行，預防勝於治療。環境潮濕時注意個人衛生維護。

秋月圓滿映真心，相知相守是桃源！

西曆 2026 年 10 月 10 日至 11 月 8 日

月

家庭事務妥善安排分工，親情需要耐心滋養。專業事務諮詢可靠建議，保障權益。人際關係保持適當界線，簡潔應對為宜。用眼過度時適度休息放鬆。

落葉歸根見真情，溫暖相伴度涼秋！

西曆 2026 年 11 月 9 日至 12 月 8 日

月

團隊成果公平分享，凝聚向心力更長遠。居住環境重視採光通風，提升生活品質。親子溝通多傾聽理解，溫和表達關心。氣候轉乾加強肌膚保養。

真誠如陽暖人心，明朗處事自順遂！

西曆 2026 年 12 月 9 日至 2027 年 1 月 7 日

月

居家安全留意細節，預防意外發生。親子互動重質量輕形式，用心陪伴最珍貴。禮物餽贈貴在心意，實用貼心更溫暖。夜間活動保持環境明亮安全。

寒冬蘊藏生機，溫暖自在人心！

西曆 2027 年 1 月 8 日至 2 月 5 日

月

年度交接盤點資源，為新階段預做準備。家族聚會真誠互動，共享溫馨時光。整理環境量力而為，安全為首要考量。財務規劃保留餘裕，從容面對未來。

歲末回望耕耘路，靜待春風發新枝！

塔羅牌12星座貼士

水瓶座

1月21日～2月19日

星星（逆位）

暫時的迷惘是重整方向的契機，保持對未來的希望微光。本命年壓力下，睡前寫三件感恩小事，累積正向能量。

雙魚座

2月20日～3月20日

月亮（正位）

直覺力敏銳卻易受情緒牽動，值太歲之年遇抉擇時，先靜坐深呼吸三次。藝術創作有助梳理潛意識焦慮。

白羊座

3月21日～4月20日

戰車（正位）

將星能量助你勇往直前，但刑太歲提醒「剛易折」。重大決策前諮詢三種專業意見，避免獨斷獨行。

為了給大家提供更多角度，我以塔羅牌為 12 星座不同人士占卜，簡略寫下趨吉避凶貼士。以下是占卜結果。

金牛座

4月21日~5月21日

錢幣皇后（逆位）

金匱星守財仍須謹慎，投資忌道聽塗說。整理過期保單與會員卡，斷捨離中找回財務清明。

雙子座

5月22日~6月21日

戀人（逆位）

人際關係面臨考驗，辦公室流言保持距離。重要承諾白紙黑字為憑，情感溝通多用書信表真心。

巨蟹座

6月22日~7月23日

隱士（正位）

伏屍星警示需養精蓄銳，每月安排獨處日沉澱思緒。家傳食譜重現餐桌，老味道喚醒內在力量。

肖馬

獅子座

7月24日~8月23日

力量（逆位）

領導魄力易被誤解為強勢，試着以「我們」代替「我」。晨間對鏡練習微笑，軟化氣場增人和。

處女座

8月24日~9月23日

寶劍八（正位）

太歲星引發過度憂慮，列出「可控／不可控」清單釋放焦慮。整理文件櫃同時梳理思緒。

天秤座

9月24日~10月23日

正義（逆位）

劍鋒星帶來是非考驗，遇爭議時錄音存證。佩戴天秤項鍊提醒公平處事，但莫忽略自我需求。

天蠍座

10月24日~11月22日

死神（正位）

值太歲逼你割捨陳腐，燒毀舊日記迎接新生。捐出三年未用之物，空間流通帶動氣場更新。

射手座

11月23日~12月22日

權杖騎士（逆位）

衝勁需搭配耐心，長程目標拆解為季度計劃。旅行前檢查三遍證件，本命年更需謹慎細節。

摩羯座

12月23日~1月20日

惡魔（逆位）

物質焦慮易陷誘惑，設定消費冷卻期。辦公室放水晶簇淨化負能，每週日斷網半日養心。

肖馬

提升身心靈頻率小貼士

每個人都有屬於自己的能量場，反映身心靈的健康程度。能量以稱為「頻率」的不同幅度振動，能量愈正面頻率愈高，反之能量愈負面頻率愈低。我將提供不同方法，助你在新一年提升自己的身心靈頻率，令你的身心靈更健康，還能同頻同振，吸引更多好能量、好人好事來到身邊！

值太歲之年如風浪行舟，穩住內在是破關關鍵。每日晨起先靜坐五分鐘，想像赤色暖流從心口蔓延全身，化解「午午自刑」的焦躁。正午陽光下散步一刻鐘，讓「將星」的領導能量與自然光共振。飲食多攝紅黃食材，例如番茄、南瓜、小米粥，滋養脾胃抗壓力。

週末嘗試「聲音療癒」——敲擊頌缽時默念「鬆」字七遍，震動帶走負能量。睡前用溫熱鹽袋敷後頸，緩解緊繃肩頸。關鍵在「三放」原則：

- **放慢：**説話速度減三成，減少口舌是非。
- **放空：**每月選半日斷網，在公園長椅上觀雲。
- **放懷：**收集笑臉照片貼冰箱，吸引正向頻率。

本命年非戰場，是修心的禪房。戾氣轉慈悲，便是最強開運光環。

year of

羊 未

goat

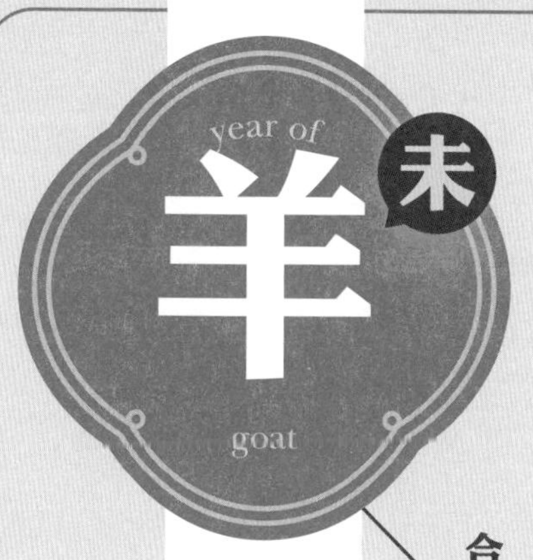

合

1955
1967
1979
1991
2003
2015

幸運顏色

黃色

土元素本色，
穩定情緒招財

橘色

火生土，激發人際魅力

幸運數字

4

巽卦屬木（木剋土制衡），
化解猶豫

18

1 + 8 = 9，土金相生，
貴人財運

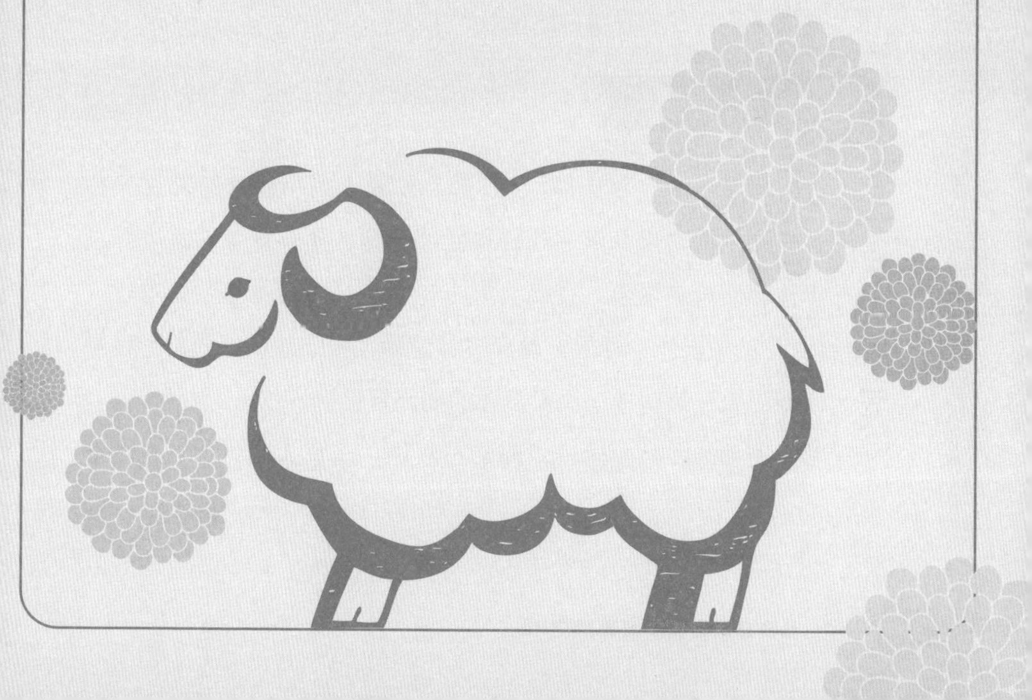

整體運程

屬羊朋友今年走「歲合」大運，像乘順風車般順暢！事業有貴人相助，尤其從事教育、貿易、文創行業的你，海外機會會自動找上門。想進修考專業證照？今年學習效率特別高。但要小心情緒起伏影響判斷，重要決定前深呼吸三次，問問自己：「這步真的需要急着走嗎？」

錢財有「太陽」星照耀，正職收入穩定。親友借錢？用「理財顧問在替我整合資產」婉拒最得體。長輩關節舊傷要注意，潮濕天陪着做復健更貼心。投資記住「現金為王」，買房選地鐵沿線小戶型最穩妥，股票炒作先忍忍！

感情隨緣就好，單身朋友逛藝術展覽時放鬆聊天，真誠反而能吸引知音。有伴侶的，早晨遞杯熱茶比名牌禮物更暖心。健康首重飲食節制，路邊美食淺嚐即止，隨身帶着梳打餅乾護胃最實際。記住，多微笑多包容，好運自然來敲門！

事業運

貴人運爆發的一年！「歲合」星牽動貴人網，春季跨國視訊會議中，你獨到的文化見解將成合作臨門一腳。團隊變革期宜以靜制動，專注精研專業深度，待四月柳暗花明時，自有機遇委以重任。「扳鞍」星助拓展能力疆界，想考專業證照？年底前報名通過率特別高。但簽約要打起精神，找懂法律的朋友幫忙看條款更安心。

擔任主管的注意，鋒芒太露易招嫉妒，多說「感謝團隊共同努

力」，大家都開心。和屬牛同事意見不合？學學「先接納再引導」的溝通術，試着説「你的觀點很有道理，如果加入 XX 元素會不會更周全？」矛盾自然化解。辦公室流言當作背景音，專心把報告做好最實在。

財運

正財穩當加薪獎金可期，教學類副業收入更豐厚。購物衝動來襲時試試「三日冷靜法」—— 想要的東西先放購物車三天，大多會發現「其實沒那麼需要」。理財採用「三三三原則」—— 三成流動資金、三成定存、三成投資水電類民生股。

計劃買樓？入秋時找獨立驗樓師看兩次，議價空間更大。朋友邀合夥創業？微笑説「老師説我今年合夥運弱」輕鬆推辭。記賬 App 設定「衝動消費警報」，超額自動鎖電子支付。年底清理三年沒用的名牌，二手平台轉賣還能賺紅包錢！

愛情姻緣運

單身朋友在書店都可能遇到緣分！看到心儀對象在看書，自然地説「這本看到第三頁就哭了」開啟話題。戀愛中的去郊外踏青，陡坡處伸手扶持，感情急速升溫。

已婚的注意婆媳關係，端午節送婆婆驅蚊香囊配絲質披肩，傳統心意送到心坎裏。備孕者早晨喝桂圓薑茶，睡前按摩小腿內側。分開的父母借孩子畫展見面，童真作品最能融化隔閡。療情傷？把想説的話寫成信燒掉，象徵告別過去！

健康運

失眠問題要重視！睡前點柑橘精油，搭配草本枕頭助好眠。春季過敏發作？自製香囊放薄荷、辛夷花天然防敏。家中長輩易摔跤，浴室鋪防滑墊，準備跌倒警報器更安心。

上班族午休必備：艾草保暖毯護腰，保溫杯泡四神湯材料包。吃火鍋燙海鮮記得煮沸三分鐘，並加紫蘇葉祛寒。早晨用按摩梳從額頭梳到後頸，舒壓又提神。年末體檢加做「心臟超聲」，小花費買大安心。

西曆 2026 年 2 月 17 日至 3 月 18 日

月

開年迎來事業小高峰，團隊合作默契十足，新專案推進順利。財運穩健但忌衝動購物，社交場合易遇潛在人脈。健康注意保暖防流感，長輩關節保養要留神。

春風送暖萬象新，穩步前行福自臨。

西曆 2026 年 3 月 19 日至 4 月 16 日

月

貴人運顯著提升，跨部門協作事半功倍。投資宜觀望勿躁進，家庭聚會多傾聽少評論。感情細水長流，伴侶間小驚喜增溫情。

花開時節惜善緣，耐心培育結甜果。

西曆 2026 年 4 月 17 日至 5 月 16 日

月

進修考證黃金期，專業認證手到擒來。財務規劃宜諮詢專家，避免人情借貸。單身者自然展現魅力，書香場合遇知音。

學海無涯勤作舟，真誠自引鳳來儀。

西曆 2026 年 5 月 17 日至 6 月 14 日

月

職場謹言慎行，重要決策需多方求證。消費區分需求與慾望，舊物整理釋放空間。伴侶關係多用行動表達關心，勝過華麗誓言。

心清眼明辨真偽，樸實相伴見深情。

西曆 2026 年 6 月 15 日至 7 月 13 日

月

海外機遇浮現，跨文化溝通展優勢。投資忌追高殺低，民生類標的更穩妥。家庭活動調和氣氛，親子露營共創回憶。

胸懷天地納百川，家和自得萬事興。

西曆 2026 年 7 月 14 日至 8 月 12 日

月

情緒管理是關鍵，冥想和散步助穩定心神。副業收入看漲，知識變現正當時。健康注意飲食衛生，生冷食物淺嚐輒止。

靜心方聞天籟音，厚積薄發待秋收。

西曆 2026 年 8 月 13 日至 9 月 10 日

月

創意能量爆發，提案報告令人驚艷。財務流動保持彈性，預留三成周轉金。感情避免翻舊賬，當下互動更珍貴。

靈光閃現創新局，珍惜眼前好時光。

西曆 2026 年 9 月 11 日至 10 月 9 日

八月

家庭事務優先，陪伴長輩勝過物質餽贈。職場功勞共享，團隊向心力倍增。健康養生正當時，溫和運動調氣血。

親恩似海用心報，眾志成城破萬難。

西曆 2026 年 10 月 10 日至 11 月 8 日

九月

專業技能獲認可，資格認證增添籌碼。置產計劃重新評估，交通便利為首選。秋涼注意關節保暖，熱敷按摩舒不適。

真材實學是瑰寶，未雨綢繆保安康。

西曆 2026 年 11 月 9 日至 12 月 8 日

十月

人際圓融化解分歧，柔性溝通效果佳。財務整合良機，清理閒置資產。伴侶默契升級，日常小事見真情。

以柔化剛智慧高，細水長流情更濃。

西曆 2026 年 12 月 9 日至 2027 年 1 月 7 日

十一月

年度收尾從容有序，預留時間覆盤得失。節日消費量力而為，心意勝過金額。寒冬保健重食補，溫熱湯水養脾胃。

靜思耕耘收穫路，暖意融融度嚴冬。

西曆 2027 年 1 月 8 日至 2 月 5 日

親友相聚珍惜當下，分享年度成長故事。財務守成為上，紅包預算早規劃。大掃除注意安全，除舊佈新迎祥瑞。

溫情滿載慶團圓，心懷希望啟新章。

2026年
塔羅牌12星座貼士

為了給大家提供更多角度，我以塔羅牌為 12 星座不同人士占卜，簡略寫下趨吉避凶貼士。以下是占卜結果。

水瓶座
1月21日~2月19日

審判（逆位）

暫停評斷他人，接納差異見轉機。聆聽不同世代觀點，跨界對話激盪火花。

雙魚座
2月20日~3月20日

世界（正位）

階段目標圓滿達成，短途旅行慶祝成果。分享經驗提攜後進，善意循環聚福報。

白羊座
3月21日~4月20日

戀人（正位）

人際關係迎來甜蜜期，重要合作把握當下。真誠溝通化解舊日心結，團隊協作激發新火花。

肖羊

金牛座

4月21日~5月21日

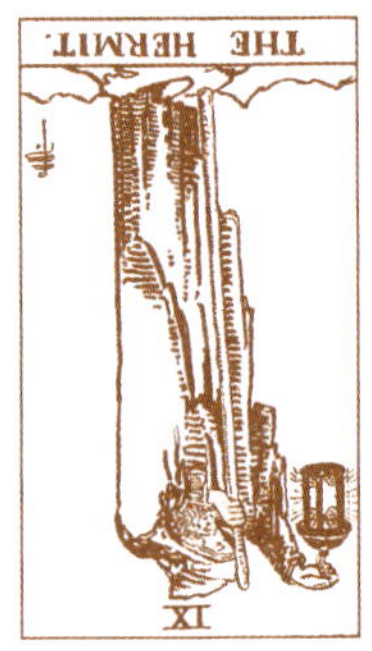

隱士（逆位）

暫離獨行尋求共鳴，專業社群分享見解。舊同事重逢帶來關鍵啟發，知識交流拓新視野。

雙子座

5月22日~6月21日

戰車（正位）

目標清晰全速前進，海外事務高效推進。駕駛注意安全守則，長途行程預留彈性時間。

巨蟹座

6月22日~7月23日

星星（逆位）

迷惘時重溫初心，舊日筆記藏解答。夜觀星空沉澱思緒，直覺引領重拾方向。

獅子座

7月24日~8月23日

惡魔（逆位）

物質誘惑當前，區分需要與想要。整理過期會員卡，消費前自問「三年後仍珍視否？」

處女座

8月24日~9月23日

教皇（正位）

傳統智慧啟發靈感，古籍經典藏解方。尋求資深前輩，老方法解決新困境。

天秤座

9月24日~10月23日

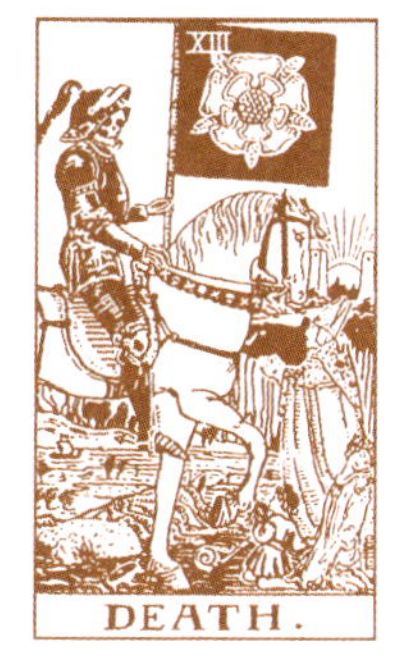

死神（正位）

斷捨離迎新機，捐贈閒置物品換空間。燒毀舊日記象徵重生，簡約生活養心神。

天蠍座

10月24日~11月22日

力量（逆位）

剛強易折，柔韌致遠。棘手問題以退為進，寵物相伴舒緩焦慮。

射手座

11月23日~12月22日

月亮（正位）

潛意識靈感迸發，夢境提示生活盲點。創作表達隱藏情感，藝術療癒撫平不安。

摩羯座

12月23日~1月20日

太陽（正位）

活力充沛感染眾人，親子活動創美好回憶。晨間曬背補充能量，金黃色配件增運勢。

2026年

提升身心靈頻率小貼士

每個人都有屬於自己的能量場，反映身心靈的健康程度。能量以稱為「頻率」的不同幅度振動，能量愈正面頻率愈高，反之能量愈負面頻率愈低。我將提供不同方法，助你在新一年提升自己的身心靈頻率，令你的身心靈更健康，還能同頻同振，吸引更多好能量、好人好事來到身邊！

屬羊的朋友迎來「歲合」吉年，這份難得的順風運勢需要內外平衡方能充分發揮。當我們像照顧庭院般滋養身心，自然能與天地和諧共鳴。每日晨起不必急着衝刺，先靜坐床緣感受呼吸的韻律，想像金色晨光隨每次吐納滲透四肢百骸，三分鐘的寧靜儀式能為全天奠定清明基調。身體保養貴在順應自然節奏，選擇讓心靈愉悅的活動比強迫訓練更重要——晨間散步吸收草木清氣，傍晚瑜伽伸展伴隨夕照，每週三次微汗律動已足夠暢通氣血。辦公族記得每小時離座舒展筋骨，旋轉腳踝輕揉後頸，這些小停頓恰似樂章休止符，讓能量重新流動。

飲食調理如同為生命調弦，不必追逐昂貴超級食物，當季本地鮮蔬便是養生上選。春食嫩芽清肝，夏擇瓜果祛濕，秋冬根莖溫補，餐前閉目感恩大地餽贈，簡單心意竟能提升消化品質。尤其

「晦氣」星易擾夜眠，睡前可營造暗藍環境，關掉熒幕改聽雨聲白噪音，掌心溫敷腹部畫圓輕揉，讓身心沉入深層修復。情緒波動時請走進公園觸摸樹皮紋理，觀察麻雀啄食姿態，五感沉浸自然十五分鐘，渙散的注意力便如歸巢鳥群重新聚焦。

靈性成長藏在日常善意裏，發送真誠讚美是強化氣場的秘方——對同事說「你處理危機的方式很啟發我」，向家人道「這碗湯喝起來有童年的味道」。每季為生活空間輕柔斷捨離，捐出蒙塵物件正如剪去枯枝，窗邊添盆青翠綠蘿，流動的生機能化解「日煞」星的滯凝感。夜寢前回想當日三瞬溫暖——地鐵讓座者的微笑、咖啡恰好的溫度、雲朵幻化的有趣形狀——帶着感恩入睡，潛意識自會吸引更多美好之事。歲合之年如同春雨綿綿的庭園，當我們以覺察灌溉身心，用簡約培育清氣，待秋風拂過時，枝頭掛滿的盡是意外豐收。

1956
1968
1980
1992
2004
2016

幸運顏色

紅色

火剋金（鍊金成器），
轉化壓力為動力

金色

本命色，鞏固自信

淺藍色

金生水，提升靈活應變力

幸運數字

3

行動力數，開拓新機遇

8

坤土生金，財富積累

9

圓滿數，化解是非

整體運程

踏入 2026 丙午馬年，屬猴的朋友將迎來一個變動頻繁、充滿挑戰但也蘊藏機遇的年份。本年「驛馬」星動，預示着生活節奏明顯加快，無論是工作上的出差、職務調動，或是居住環境的搬遷、轉換，都可能比往年更為頻密。這股動能雖帶來適應上的壓力，卻也是突破現狀、尋求轉機的契機，靈活應變者將能從變動中捕捉到新的方向。

然而，「孤辰」星同臨，容易帶來一絲孤獨感或與人疏離的氛圍，需特別留意人際關係的維護，避免因忙碌或情緒而忽略了與親友的聯繫。此外，「喪門」與「地喪」雙星入駐，象徵需要對家中長輩的健康投入更多關注，提前關懷勝於事後補救。整體而言，這是考驗適應力與韌性的一年，主動擁抱變化、用心經營人際與家庭關係，並保持對長輩健康的警覺，將有助於在變動的洪流中站穩腳步，將挑戰轉化為前進的動力。

事業運

「驛馬」星的驅動，使得屬猴者 2026 年的事業發展與「動」息息相關。頻繁的出差、外派、跨部門合作，或是工作內容、職場環境的轉變將成為常態。這股變動雖帶來適應期的不安，卻也是開拓視野、接觸新領域、建立更廣人脈網絡的良機。對於尋求突破或轉換跑道的朋友，異動的機會可能增多。然而，在奔波勞碌之際，「孤辰」星的影響可能讓你在職場上感到需要獨力承擔，或與團隊、

上司的溝通稍欠默契。建議保持開放心態，即使面對新挑戰也積極學習，主動維繫職場人際，避免因埋首工作而顯得疏離。靈活運用「動」的能量，將奔波視為累積資本的過程，有助於在變局中為未來事業奠定更穩固的基石。

財運

2026 年屬猴朋友的財運，受「驛馬」星影響，財源可能與異地、移動或跨領域事務相關，例如因出差產生的額外補貼、異地商機，或是從事貿易、運輸、網絡等行業者較有發揮空間。然而，受「喪門」、「地喪」星曜的潛在影響，提醒財務規劃需更為穩健保守，預留部分資金以備不時之需，特別是可能涉及家庭或長輩的開支。本年投資理財宜採取中長線眼光，專注於基本穩健的實業項目或資產，對於高風險、追求快速回報的投機性操作需格外謹慎，貪圖快錢容易招致損失。管理好現金流，避免不必要的借貸，將心力放在開拓正財渠道及穩健增值上，是較為安心的理財之道。

愛情姻緣運

「孤辰」星的入駐，為屬猴者 2026 年的感情世界增添了些許考驗。無論單身或有伴侶，都需留意避免因工作忙碌、生活變動或自身情緒，而無意間與伴侶或心儀對象產生距離感，溝通上可能顯得較為被動或缺乏耐心。單身者雖有機會在出差、進修或社交活動中結識新對象，但「孤辰」的影響可能讓關係發展較為緩慢，或感覺難以真正親近。已有伴侶者，則需刻意撥出時間經營感情，避免因

瑣事或疏忽而讓對方感到被冷落。家庭是重要的情感堡壘，多安排溫馨的家庭聚會或共同參與活動，能有效增進親子與伴侶間的情感連結，化解「孤辰」帶來的孤寂感，讓家成為應付外界變動的溫暖後盾。

健康運

「驛馬」星帶來的奔波勞碌，加上「喪門」、「地喪」星的提示，2026 年屬猴朋友需格外關注自身與家人的健康狀態。頻繁的行程與適應新環境容易累積壓力與疲勞，導致免疫力下降，需注意作息規律，確保充足休息，尤其要小心交通安全。精神方面，「孤辰」星可能帶來情緒上的低潮或孤獨感，適時尋求親友傾訴或培養放鬆身心的興趣愛好十分重要。特別要留心家中長輩的健康狀況，定期關心，必要時陪伴檢查。贈送紅色衣物或飾品，不僅是傳統上表達關懷心意的方式，溫暖的色調也有助於提振精神。維持適度運動、均衡飲食，並學習管理壓力，是保持身心平衡、安然度過多變一年的關鍵。

西曆 2026 年 2 月 17 日至 3 月 18 日

月

年初始於「驛馬」微動，工作節奏已見加快跡象。本月易有短期出差或突發任務，保持彈性能更快進入狀態。家庭聚會時不妨多關注長輩神情體態，簡單問候勝於事後關懷。財運宜守，新投資計劃可暫觀望。人際相處稍帶疏離感，主動分享見聞有助融化隔閡。

變動是年度序幕，以輕盈步伐適應改變。

西曆 2026 年 3 月 19 日至 4 月 16 日

月

「驛馬」能量漸顯，搬遷或職務調整的可能性浮現。處理文件契約時需多核對細節，避免因匆忙出錯。親子互動可從日常小事着手，如共進早餐聊聊趣事。健康留意季節轉換引發的敏感症狀，舊疾復發者宜安排檢查。單身者社交圈擴展，但發展緣分仍需時間沉澱。

細微處見真情，穩定身心再出發。

西曆 2026 年 4 月 17 日至 5 月 16 日

外勤頻率增加，異地合作機會浮現，靈活應變能意外收穫人脈資源。注意電子設備維護，重要資料務必備份。家人相處方面避免將工作焦慮帶回家中，週末短途踏青有助凝聚情感。投資忌跟風炒作，實業相關項目資訊可多蒐集研究。

移動中拓寬視野，歸家時卸下疲憊。

西曆 2026 年 5 月 17 日至 6 月 14 日

「驛馬」勢頭最盛，長期外派或搬家決策可能提上日程。重大決定前多與家人溝通，尤其需考量長輩適應力。財務波動較大，突發支出增多，預留應急資金可減壓。健康注意勞逸平衡，長途奔波者補充水分與維他命。感情需避免因忙碌而慣性敷衍回應。

變動浪潮中，家人是錨定的港灣。

西曆 2026 年 6 月 15 日至 7 月 13 日

職場人際微妙期，「孤辰」影響易感團隊默契不足，主動參與協作可破冰。居家環境微調（如書桌方位）有助提升專注力。親子關係透過共同興趣增溫，簡單手作或烹飪都是好媒介。健康留意腸胃消化，聚餐應酬適度節制。

主動伸出橄欖枝，平淡日常藏驚喜。

西曆 2026 年 7 月 14 日至 8 月 12 日

月

工作節奏稍緩，適合整合上半年經驗。檢視財務結構，汰除效益低落投資。家族聚會增多，傾聽長輩回憶既能表關心亦獲人生智慧。健康注意冷熱交替引發不適，冷氣溫度勿設過低。短暫獨處時光有利沉澱思緒，勿視孤獨為負擔。

放慢是為了更清晰，傾聽是最暖的陪伴。

西曆 2026 年 8 月 13 日至 9 月 10 日

月

「喪門」星意涵顯現，關注長輩慢性病管理，陪同覆診或添置居家安全設施勝過昂貴禮物。職場暗藏競爭壓力，保持專業避免捲入口舌之爭。財務宜保守，醫療相關開支預先規劃。贈送長輩紅色茶具或披肩，既應景又表心意。

用行動詮釋關愛，沉穩度過考驗期。

西曆 2026 年 9 月 11 日至 10 月 9 日

月

創意靈感迸發期，異業結盟或跨領域學習帶來新視角。驛馬餘威猶存，但移動轉為精神層面的探索。家庭活動注入新元素，如共同學習線上課程。健康注意用眼過度，補充葉黃素與適度休息。投資回報漸入穩定期。

好奇心是轉機鑰匙，共享成長添趣味。

肖猴

西曆 2026 年 10 月 10 日至 11 月 8 日

檢查房屋修繕或保單內容比追逐新投資更重要。工作進入收成階段，過往異動決定顯現價值。親子關係重點「在質不在量」，深度對話勝過冗長相處。情緒偶感低迷，暖色系衣着與晨間散步有助轉換心境。

修補根基為冬藏，真誠對話暖人心。

西曆 2026 年 11 月 9 日至 12 月 8 日

年度衝刺期，驛馬能量轉化為高效行動力，跨部門協調順暢。避免因忙碌犧牲健康，簡易居家運動可維持活力。財務決策勿受同儕壓力影響，堅守穩健原則。贈送伴侶紅色飾品，小物傳情意。留意長輩防寒保暖。

效率與平衡並行，溫暖心意抵寒流。

西曆 2026 年 12 月 9 日至 2027 年 1 月 7 日

社交活躍期，結識的異地人脈可能成為未來助力。家庭活動聚焦節慶準備，簡單裝飾與手寫卡片更能傳遞溫情。健康注意呼吸道保養，室內保持通風。投資回報率趨穩，可規劃來年財務目標。獨處時光適合閱讀心靈成長書籍。

萍水相逢藏機緣，親手溫暖勝華禮。

西曆 2027 年 1 月 8 日至 2 月 5 日

年度反思時刻，「驛馬」帶來的變動終轉化為成長養分。整理差旅紀錄與工作心得，無形經驗最珍貴。多陪伴長輩話家常，紅色年禮傳遞祝禱。健康注意飲食節制，適度輕斷食排解負擔。情感關係在溫馨團聚中自然增溫。

沉澀耕耘終有成，家宅平安是福田。

肖猴

2026年

塔羅牌12星座貼士

水瓶座

1月21日~2月19日

星星（逆位）

理想需接地氣實踐，將創意轉化為家庭可參與的活動。科技業投資見回報，但勿過度擴張。贈長輩智能健康手環，實用關懷兩相宜。

雙魚座

2月20日~3月20日

吊人（正位）

換位思考解開人際困局，家人爭執時擔任調和角色。被動收入機會浮現，藝術相關實業項目可關注。冥想與水邊散步助穩定心緒。

白羊座

3月21日~4月20日

權杖騎士（正位）

驛馬能量與你天生行動力共鳴，今年適合主動開拓新領域。衝動決策可能忽略細節，出發前多三思路線規劃。家庭互動可嘗試戶外探險活動，用活力感染親子關係。

為了給大家提供更多角度，我以塔羅牌為 12 星座不同人士占卜，簡略寫下趨吉避凶貼士。以下是占卜結果。

金牛座

4月21日~5月21日

錢幣九（逆位）

耕耘後的收成期將至，但需警惕安逸帶來的停滯。財務調整宜兼顧穩健與靈活，實業投資可關注技術升級領域。贈長輩的手作物比昂貴禮品更顯心意。

雙子座

5月22日~6月21日

聖杯侍從（正位）

好奇心引領學習之年，跨領域知識將成應對變動的利器。親子溝通多運用創意故事，週末來場城市探索小旅行。避免分散投資，聚焦核心項目。

巨蟹座

6月22日~7月23日

隱士（逆位）

孤辰星提示適度獨處有益，但勿封閉情感需求。家庭聚會擔任傾聽者角色，長輩分享的智慧值得記錄。健康注意情緒性飲食，溫熱紅茶助安定心神。

獅子座
7月24日~8月23日

戰車（正位）

驛馬星與你的領導力相契，主導異地合作將有突破。親子關係需平衡威嚴與包容，競技類活動能激發默契。投資忌跟風炒作，實體店面評估可優先。

處女座
8月24日~9月23日

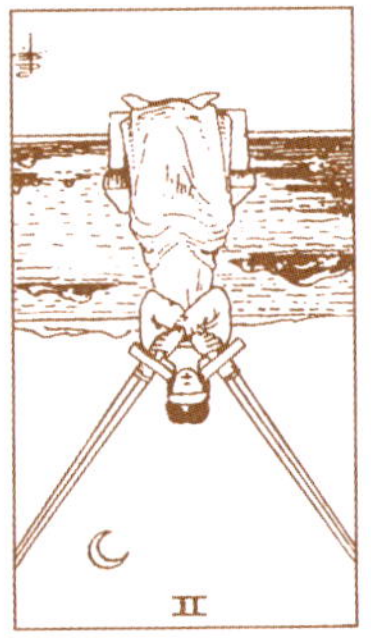

寶劍二（逆位）

變動中的抉擇焦慮浮現，列出優劣清單有助釐清方向。週末整理居家環境，清爽空間能舒緩壓力。長輩健康數據定期記錄，早發現微變化。

天秤座
9月24日~10月23日

戀人（逆位）

人際關係面臨取捨，真誠溝通勝過表面和諧。家庭活動融入美感體驗，共同佈置窗台花圃增溫情。紅色系衣飾提升人緣能量。

天蠍座

10 月 24 日 ~ 11 月 22 日

死神（正位）

結束與重生並存之年，淘汰低效模式迎來轉機。長輩舊疾復發需警惕，陪同就醫顯關懷。投資聚焦再生能源或循環經濟領域。

射手座

11 月 23 日 ~ 12 月 22 日

愚人（正位）

驛馬星喚醒冒險基因，異國文化體驗帶來靈感。親子共學外語或烹飪異國料理添樂趣。財務規劃保留 10% 探索基金，支持小規模新嘗試。

摩羯座

12 月 23 日 ~ 1 月 20 日

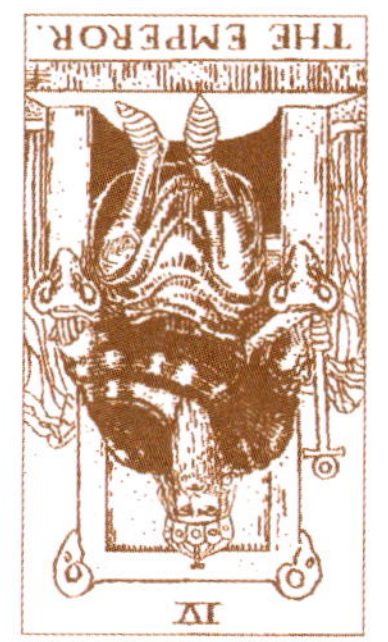

皇帝（逆位）

權威遭遇挑戰時，柔軟姿態反能化解僵局。

家族聚會讓長輩主導話題，耐心聆聽是最好禮物。地產投資宜暫緩，鞏固現有資產為上。

肖猴

2026年

提升身心靈頻率小貼士

每個人都有屬於自己的能量場，反映身心靈的健康程度。能量以稱為「頻率」的不同幅度振動，能量愈正面頻率愈高，反之能量愈負面頻率愈低。我將提供不同方法，助你在新一年提升自己的身心靈頻率，令你的身心靈更健康，還能同頻共振，吸引更多好能量，好人好事來到身邊！

在 2026 年變動頻繁的節奏裏，屬猴朋友可透過日常微小練習維持內在安定，將驛馬星的奔波轉化為心靈深度的契機。當置身通勤或差旅途中，不妨閉目專注呼吸五分鐘，讓窗外流動的景色帶走紛雜思緒，或是抵達新環境後赤腳站立感受地面氣息，簡單的空間感知能快速重建身心錨點。面對孤辰星提示的獨處時刻，與其抗拒疏離感，不如每週留一小時安靜澆灌植物或聆聽純音樂，同時以「情緒天氣筆記」輕柔記錄能量變化（例如「午後焦慮轉晴」），這種不帶批判的覺察如同為心靈開窗透氣。沐浴時想像溫水流淌帶走緊繃，佐以柑橘香氣提升感官敏銳度，亦是轉化孤寂的溫柔儀式。

回應喪門與地喪星的家庭關懷，溫暖的肢體互動往往勝過言語。為長輩披上紅色圍巾時掌心輕按其肩膊三秒，觸覺傳遞的暖意能直抵心靈；週末家庭時光加入共煮暖湯或協作拼圖等活動，讓溫情在自然互動中流淌。客廳角落一盞鹽燈暈染的柔光，更能為全家晚間閒談營造安定氛圍。晨起面對陽光啜飲溫檸檬水之際，默念三件感恩小事如健康的身軀或昨日的笑聲，為一日注入澄澈能量。

投資實業前先「投資氣息」——舌尖輕抵上顎深呼吸三次喚醒直覺，隨身攜帶的赤鐵礦原石則在指腹摩挲間提醒根基穩固的重要。這些練習如同在湍急溪流中做一顆沉穩的石，任外在變動沖刷卻始終深扎河床，於風浪間保持清澈覺知，讓挑戰淬煉出生命的韌性光澤。

1957
1969
1981
1993
2005
2017

幸運顏色

金黃色
本命色，彰顯權威

珊瑚粉色
火鍊金，增強人緣

米白色
土色緩衝，避免固執

幸運數字

7
西方兌金數，智慧決策

3
創新數，突破傳統

9
成就數，名利雙收

整體運程

2026丙午馬年對屬雞朋友而言，恰似破曉時分的天際——「太陽」星熾烈升起，為事業與聲望鍍上耀眼光芒，尤以女性在職場中的領導魄力將獲顯著彰顯；而「紅鸞」星溫柔鋪展的霞彩，則為人際情緣暈染暖意，公職體系更可能迎來期待已久的晉升契機。這雙吉星交織的能量，賦予本年「鋒芒初綻」的基調，若能把握機遇展現實力，過往耕耘的專業積累終將結成果實。

然而蒼穹總有流雲相伴，「三刑」與「六害」星悄然浮動，暗示合作關係中潛藏認知磨擦。當理念分歧浮現時，暫緩爭辯、以「異中求同」的視角理解對方立場，往往比執着説服更能化阻力為助力。「卒暴」星如猝不及防的驟雨，提醒面對突發衝突時，沉默的留白反能避免言語如刃割傷關係；而「勾絞」和「貫索」星則如警示燈，照亮契約條文裏易被忽視的細節角落，重大決策前多花十分鐘細看條款，可免日後糾紛。

最需敬畏的是「羊刃」星的隱喻——它既象徵外科器械的鋭利，也暗喻言辭的鋒芒。今年處世之道貴在「藏鋒」——事業巔峯時以謙和姿態凝聚團隊，情感熱烈時留予彼此呼吸空間。那些看似束縛的星曜警示，實為引導光芒有序綻放的軌道。當太陽升至中天，智者懂得在樹蔭下小憩；當紅鸞心動時分，慧者明白細水長流比烈火熾燃更恆久。

屬雞者本年猶如執燈穿越長廊——手中光焰愈盛，愈要留意兩側鏡面反射的眩光。吉星賜予的不僅是機遇，更是照見自我局限

的明鏡；凶星投射的陰影，實為鍾鍊處世智慧的砥石。若能在光芒中保持清醒，於喧囂處修習靜定，這趟丙午之旅終將成為蛻變的序章，讓每一刻的璀璨都紮根於厚實的大地。

事業運

太陽星為職場鋪展光明坦途，公職或管理階層者易獲賞識，長期耕耘的專業能力終見回報。女性屬雞者氣場尤盛，主導專案或跨部門協調時展現的魄力將成突破關鍵。需留意「貫索」星暗示的契約細節，重大決策前宜多方核實條款。當「六害」星引發團隊磨擦時，暫緩表態、傾聽各方觀點能避免捲入無謂糾紛。今年事業重點在「穩中求進」——與其強求主導權，不如以協作精神凝聚共識，成就自然水到渠成。

財運

正財運隨事業發展穩健成長，薪資調整或績效獎勵值得期待。投資方面受「羊刃」星影響，需警惕高風險誘惑，與其追逐短期暴利，不如關注具實體基礎的產業項目。「貫索」星提示財務往來需明訂規則，借貸擔保尤應謹慎。不妨將部分收益用於提升專業技能，此類自我投資的長遠回報率最為可靠。社交場合的理財建議宜保留判斷空間，避免受群體氛圍影響決策。

愛情姻緣運

「紅鸞」星動為單身者牽引良緣，夏季社交活動易遇價值觀契合對象，自然相處比刻意追求更能醞釀情愫。已婚者伴侶關係如逢甘霖，共同規劃短期旅行或學習新技能，可重燃相知相惜的默契。需留意「三刑」星可能引發親友過度關切，溫和設定界線有助維持感情純粹性。無論緣深緣淺，今年情感課題核心在於「真誠」——與其費心取悅他人，不如展現真實自我吸引同頻者靠近。

健康運

「羊刃」星提示需關注微小外傷風險，進行器械運動或廚務時宜提高專注力。捐血既是應驗傳統「化血光」的智慧之舉，亦能促進新陳代謝循環。壓力管理是全年重點，「卒暴」星暗示情緒驟變可能影響睡眠品質，傍晚散步二十分鐘或聆聽流水聲有助平緩心緒。腸胃系統對壓力反應敏感，飲食定時定量比進補更重要，用餐時暫離電子設備能提升消化吸收力。

西曆 2026 年 2 月 17 日至 3 月 18 日

月

太陽星初綻光芒，事業開啟新循環的良機。公職者易獲長官關注，彙報時精簡重點更顯實力。紅鸞星尚在醞釀，社交場合保持自然態度反能吸引目光。健康留意溫差引發鼻敏感，隨身薄圍巾可禦寒。簽署文件前默數三秒覆核條款，避開貫索星小陷阱。

初春新芽待破土，沉穩蓄力自有光。

西曆 2026 年 3 月 19 日至 4 月 16 日

月

職場協作需求增，六害星暗示團隊磨合期。當意見相左時，先肯定對方觀點再補充己見，可化阻力為助力。財運穩健，汰換老舊電子產品反提升效率。單身者讀書會場合易遇氣質相投對象，交流學識勝過刻意表現。傍晚伸展操緩解肩頸緊繃。

西曆 2026 年 4 月 17 日至 5 月 16 日

月

紅鸞星光漸盛，單身者暮春郊遊時易有意外邂逅，素顏簡裝更顯真我魅力。工作遇卒暴星突發狀況，深呼吸三次再回應可免言語誤傷。投資忌聽信小道消息，實地考察商舖租金行情更實際。贈長輩紅色襪套，既應血光之喻又表關懷。

繁花盛放莫迷眼，守得本心見真緣。

西曆 2026 年 5 月 17 日至 6 月 14 日

月

太陽星達年度峰值，女性主管決策魄力備受肯定，重要提案宜把握本月推進。婚戀事宜此時最利，簡單茶會比奢華宴席更利深談。羊刃星顯現，使用刀具廚具時需全神貫注。合作案條款細則建議法律諮詢，勾絞星影響藏於字裏行間。

耀眼時分持清醒，細微處見真章。

西曆 2026 年 6 月 15 日至 7 月 13 日

月

職場暗流浮現，流言困擾以從容微笑應對最是智慧。財務調度預留兩成備用金，突發醫療支出毋須慌亂。已有伴侶者共學陶藝或繪畫，指尖泥土顏料竟成情感黏合劑。捐血活動既應傳統又利新陳代謝。

靜水方能映明月，無聲勝過萬千辯。

西曆 2026 年 7 月 14 日至 8 月 12 日

紅鸞轉入沉潛期，與其焦慮關係進度，不如專注興趣培養。工作瓶頸時翻閱過往筆記，遺忘的點子竟成解方。貫索星提示檢視保單受益人資料，五分鐘確認省卻後患。健康注意冷氣房進出溫差，薄荷精油按摩太陽穴助提神。

暫歇是為了更醇厚，自我豐盛引蝶來。

西曆 2026 年 8 月 13 日至 9 月 10 日

六害星影響合作默契，視訊會議前測試設備可避技術尷尬。財務往來留存文字紀錄，口頭承諾易生歧義。親子關係透過烹傳家菜增溫，長輩故事調味更添香。健康留意運動前熱身不足，簡單拉筋防扭傷。米白色衣着助穩定心緒。

傳統滋味藏智慧，耐心暖得百家心。

西曆 2026 年 9 月 11 日至 10 月 9 日

求職面試佩戴金色飾品增強自信。情感進入務實階段，伴侶財務觀坦誠交流避後患。三刑星影響慎選聚餐夥伴，美食當前莫論他人長短。登山踏青時注意碎石路段。

真金不怕火煉，坦蕩自成方圓。

西曆 2026 年 10 月 10 日至 11 月 8 日

勾絞星擾亂思緒，重要決策延至午後精神清朗時。整理數碼檔案反發現遺漏資源，斷捨離虛擬囤積亦釋放壓力。婚戀者見家長場合，聆聽勝過搶白。定期捐血既行善又應星象，別忘補充含鐵蔬果。

清空雜訊見本心，無聲關懷最入微。

西曆 2026 年 11 月 9 日至 12 月 8 日

年度衝刺關鍵期，太陽星加持下公開演説氣場全開。財務收穫伴隨人情壓力，婉拒借貸時以「共同研究理財方案」留餘地。健康注意熬夜追劇眼壓飆升，溫熱眼罩配草本茶護雙眸。珊瑚粉圍巾增人緣暖度。

光芒溫煦不灼人，柔韌方能守碩果。

西曆 2026 年 12 月 9 日至 2027 年 1 月 7 日

紅鸞餘暉映照，冬季宴會中舊識重逢竟萌新芽。職場新人請益時展現的謙和，意外拓展人脈。羊刃星影響慎防聖誕裝飾鋭邊劃傷。投資回報用於專業進修，知識佩劍利來年征途。

緣分流轉如四季，無心插柳柳成蔭。

西曆 2027 年 1 月 8 日至 2 月 5 日

三刑星隨年終聚會再現，舉杯笑談天氣美食最安全。太陽星年度謝幕，整理成就清單時驚覺成長遠超預期。贈長輩紅色智能手環，健康監測功能顯貼心。大掃除鋒利工具交由專業，安度年關即為福。

稜角收鞘藏韌光，平安二字值千金。

2026年

塔羅牌12星座貼士

為了給大家提供更多角度，我以塔羅牌為
12 星座不同人士占卜，簡略寫下趨吉避凶貼士。以下是占卜結果。

水瓶座

1 月 21 日 ~ 2 月 19 日

星星（逆位）

理想需接地實踐，將科技創意轉為長輩可用的健康小工具。重要郵件傳送前朗讀一遍避誤解。

雙魚座

2 月 20 日 ~ 3 月 20 日

吊人（正位）

換位思考解僵局，伴侶爭執時煮壺花草茶靜待轉機。海浪白噪音助夜眠安穩。

白羊座

3 月 21 日 ~ 4 月 20 日

權杖五（正位）

行動力旺盛卻易陷競爭焦慮，團隊協作時先肯定他人貢獻再提方案。運動賽事場合遇價值觀契合對象。健康注意球類活動擦傷，護具非累贅而是智慧之選。

金牛座

4月21日~5月21日

星幣騎士（逆位）

深耕領域將見回報，但安逸可能錯失跨界契機。財務簽約前多留三日思考期。贈長輩的紅色針織衫，親手摺疊更顯心意厚度。

雙子座

5月22日~6月21日

聖杯九（正位）

社交魅力引動人脈漣漪，夏日讀書會易遇靈魂共鳴者。口頭承諾需文字備忘，微笑記錄不傷情誼。晨間朗讀詩集有助提煉表達精準度。

巨蟹座

6月22日~7月23日

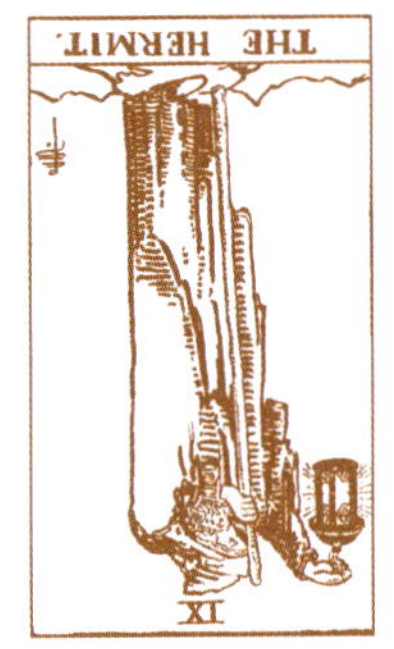

隱士（逆位）

孤獨沉思可貴，但過度封閉易忽略貴人訊號。家庭聚會擔任故事採集者，長輩人生智慧勝理財課程。

獅子座

7月24日~8月23日

戰車（正位）

主導專案時善用女性團隊智慧。情感避免強勢主導，共攀小山頭賞夕陽勝燭光晚餐。簽約避開月末水逆週期。

處女座

8月24日~9月23日

寶劍皇后（逆位）

細節執着反模糊核心目標，列出「三件最重要的事」貼鏡前晨省。請同事喝手沖咖啡可破冰。隨身珊瑚色筆記本吸引靈感。

天秤座

9月24日~10月23日

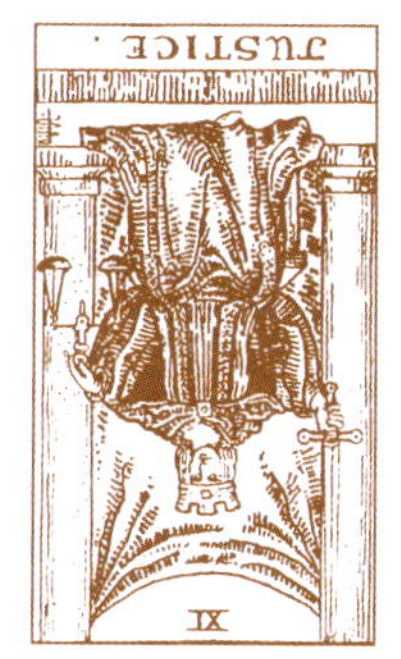

正義（逆位）

過度權衡易失良機，直覺選擇後堅持到底即是答案。素色穿搭凸顯談吐深度。電子支付設定限額防衝動消費。

天蠍座

10月24日~11月22日

死神（正位）

結束陳舊模式迎新生，捐血儀式象徵能量更新。舊提案換新包裝反獲青睞。深紅襯衫增強氣場凝聚力。

射手座

11月23日~12月22日

愚人（正位）

驛馬精神自由奔放，異國料理課激發創意與情緣。投資新領域前先小規模試水溫。

摩羯座

12月23日~1月20日

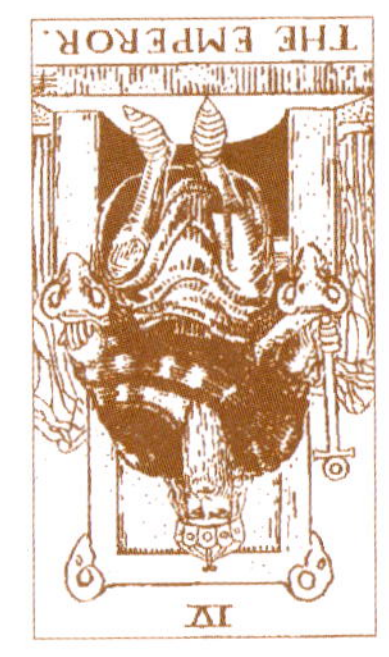

皇帝（逆位）

權威遭遇挑戰時，以「共同實驗新方案」化解對立。流言止於不辯，午休散步曬背蓄積正能量。

2026年

提升身心靈頻率小貼士

每個人都有屬於自己的能量場，反映身心靈的健康程度。能量以稱為「頻率」的不同幅度振動，能量愈正面頻率愈高，反之能量愈負面頻率愈低。我將提供不同方法，助你在新一年提升自己的身心靈頻率，令你的身心靈更健康，還能同頻共振，吸引更多好能量，好人好事來到身邊！

在 2026 年光輝與暗湧交織的節奏裏，屬雞的朋友可藉由細微的日常儀式調和內外能量，讓太陽星的熾熱光芒溫暖而不灼人。當晨光穿透窗簾時，閉目感受眼皮上的金黃暖意，默念三件值得感恩的小事 —— 或許是健康的雙腿能自由行走，或是昨夜安穩的深眠 —— 這片刻專注能為整日定錨正向頻率。面對紅鸞星牽動的情感漣漪，與其焦灼期待回應，不如在泡製花草茶時專注凝視舒展的玫瑰花瓣，讓等待化作滋養耐心的修行；贈送長輩紅色圍巾時，指尖輕觸其肩膊停留三秒的溫度傳遞，比千言萬語更能直抵心靈。當突發焦躁，試着將米白色方巾浸潤薄荷精油置於鼻前，緩慢吸氣數到五再呼出，重複三次便如清風拂過燥熱原野。

職場鋒芒畢露之際，午休散步時刻意放緩步伐，感受腳掌與大地接觸的細微震動，能喚醒「藏鋒守拙」的智慧。晚間沐浴時想像

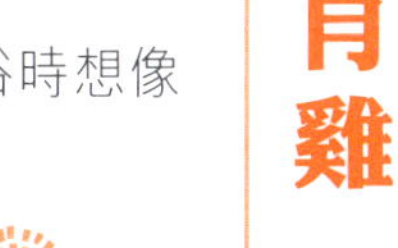

肖雞

水流帶走羊刃星提示的緊繃感，佐以柑橘香氣提升感官敏銳度，同時輕聲自問：「今日可曾傾聽過內心的低語？」

社交場合流言縈繞時，端起珊瑚色茶杯輕抿一口，讓溫熱茶湯與片刻沉默築成優雅屏障。每月選個新月夜捐血，既是應驗傳統的豁達之舉，更在給予中體悟生命能量的流動本質 —— 那些看似鋒利的星象警示，終將在覺知的光暈裏融化成滋養靈魂的朝露，引領你在璀璨與暗影並存的丙午之年，活出金陽般溫暖而不刺眼的存在質地。

year of

狗 戌

dog

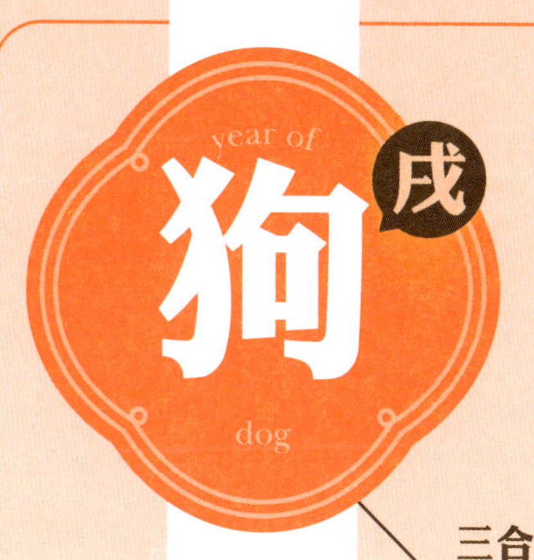

三合

1958
1970
1982
1994
2006
2018

幸運顏色

金色
土生金，招正財

松石綠色
木剋土（疏通能量），
減輕焦慮

暖棕色
土元素根基，強化安全感

幸運數字

6
和諧數，穩定家庭關係

9
福德數，積累福報

3
活力數，突破瓶頸

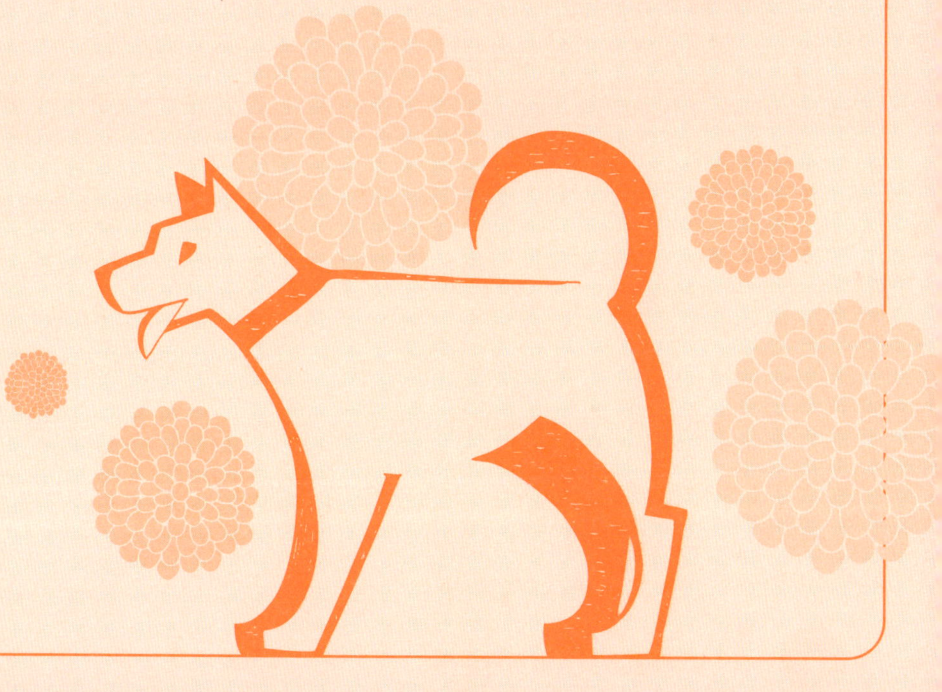

整體運程

屬狗朋友踏入 2026 年，在「三合」、「三台」吉星助力下，職場將迎來穩健發展期。管理階層決策影響力提升，團隊協作效率明顯增強，過往累積的專業經驗開始轉化為實質回報。惟需注意「五鬼」、「官符」等凶星潛在影響，合作事務應優先選擇信譽可靠的夥伴，避免替他人財務作保，重要協議務必落實書面條款。

「黃旛」星暗示社會認可度提升，但名聲增長時更需低調務實。適度調整居住環境有助氣場流動，例如簡化雜物以保持空間暢通，或增添金屬色系元素強化穩重感。健康方面受「披頭」和「華蓋」星影響，日常活動需提高警覺性 —— 運動前做好熱身準備，通勤時注意階梯濕滑，長輩居家安全也宜定期檢視。

人際關係是本年關鍵課題。「三合」星雖帶來助力，但需分辨真心夥伴與表面應酬。團隊領導時多傾聽成員實質需求，取代單向指令能激發更大效能。壓力管理尤其重要，當莫名疲憊感持續時，簡單如午休閉目養神十分鐘，或週末安排半日獨處時光，都有助恢復精神平衡。

財務走勢與事業相輔相成，正財收入可望成長，但投資宜側重根基穩固的實業領域。面對親友借貸請求，溫和堅守界線比勉強應承更明智。整年運勢猶如登山健行 —— 攀升時借團隊之力省勁，陡坡處靠自身準備防險。保持「進步中不忘謹慎」的態度，便能將吉星能量最大化，同時化解凶星潛在干擾。

事業運

職場舞台因團隊協作而擴展，管理決策時善用集體智慧，能激發超越個體的潛能。需留意資訊傳遞的透明度，適時釐清權責歸屬，可避免誤解滋生。跨領域合作前先確立共同目標，讓差異成為互補的契機而非阻礙。今年事業心法在「穩中求進」—— 與其追逐華麗突破，不如專注打磨專業本質的醇厚底蘊。

財運

正財隨事業水位穩健上升，績效獎勵或職級津貼值得期待。投資受「飛符」星擾動，高收益標的常伴隨隱形陷阱，專注民生必須型實業領域較穩妥。切記「擔保」二字如芒刺在背，婉拒親友借貸請求時，可提議協助制定還款計劃表展現誠意。家居西北方放置黃銅材質圓形擺件，既應風水開運之説，其沉穩光澤亦時時提醒「見利思危」的理財智慧。不妨將額外收益用於專業進修，此類自我投資的回報率最是恆久。

愛情姻緣運

雖無桃花星耀目，「三合」星卻為情感注入溫潤暖意。已有伴侶者，共同規劃家居微改造（如挑選窗簾配色、組裝書架），在協作中重溫默契初心。單身者社交圈隨職場地位擴展，專業場合展現的沉穩氣質，反比刻意求愛更引人傾心。需留意「華蓋」星可能帶來精神疏離感，週末留半日伴侶專屬時光 —— 關掉手機共煮一鍋湯，

氤氳蒸氣間自有真情流轉。今年情緣貴在「細水長流」，時間醞釀的醇度遠勝瞬間花火。

健康運

「披頭」星警示意外小傷，健身前十分鐘熱身不可省，尤其腳踝手腕等關節需充分激活。通勤族隨身備薄荷精油棒，疲倦時輕嗅可提神醒腦。「華蓋」星暗示精神耗損，下班後以「儀式感」切換模式——玄關點盞暖黃小燈，更衣同時想像卸下壓力包袱。廚房利器使用時播放輕柔音樂，聲波無形中緩和「飛符」星躁動氣息。捐血既是應驗傳統之舉，定期捐贈更助新陳代謝平衡，別忘補充深綠色蔬菜鞏固血質。

西曆 2026 年 2 月 17 日至 3 月 18 日

月

職場新年新氣象，管理效率自然提升。團隊協作時多關注年輕同事的新點子，可能帶來意外突破。居家環境保持進門區域整潔，讓空間流動更順暢。注意春季溫差變化，外套隨身攜帶更安心。重要文件簽署前花五分鐘覆核基本條款。

紮實開端是成功基石，開放心態接納不同聲音。

西曆 2026 年 3 月 19 日至 4 月 16 日

月

跨部門合作機會浮現，主動聯繫舊同事可能開啟新契機。財務往來需保持清醒，面對擔保請求可提議其他支持方式。親子互動嘗試拼裝模型或桌遊，共同完成的小作品最珍貴。運動前延長熱身時間，特別保護膝關節。

真誠是合作橋樑，家人笑容勝過物質餽贈。

肖狗

西曆 2026 年 4 月 17 日至 5 月 16 日

月

職場能見度提高，突如其來的讚譽面前保持平常心更得人心。投資避免從眾心理，日常消費產業觀察至季末更穩妥。檢查家中常忽略的角落（如窗簾軌道），動手整理煥然一新。雨季出行換防滑鞋底，安全細節莫輕忽。

光環不迷眼，踏實腳步走長遠。

西曆 2026 年 5 月 17 日至 6 月 14 日

月

合作事務需驗證對方實際執行能力，勿輕信口頭承諾。辦公桌添置金屬文具，提升專注效率。戶外活動備好防蚊用品，避免叮咬引發敏感。家族聚會多傾聽長輩人生故事，樸素智慧常蘊藏啟示。

信任需經檢驗，代際交流滋養心靈。

西曆 2026 年 6 月 15 日至 7 月 13 日

月

創意靈感活躍期，停滯項目融入生活觀察可獲突破。財務規劃預留醫療備用金，安排長輩健康檢查正當時。親子廚房時光促進默契，揉麵糰比說教更有效。避開烈日高溫運動，游泳館內更安全。

創新源於生活，健康儲備最保值。

西曆 2026 年 7 月 14 日至 8 月 12 日

月

領導責任加重，決策時納入一線回饋更周全。合作收益分配書面確認，避免後續理解差異。家中金屬飾品定期擦拭，明亮光澤提升活力。冷氣環境注意肩頸保暖，薄披肩常備椅背。

權威源於傾聽，細節決定成效。

西曆 2026 年 8 月 13 日至 9 月 10 日

月

運動前檢查器械狀態，駕車族關注輪胎健康。團隊溝通簡化流程，短會議比長討論更高效。家中懸掛風鈴或鈴鐺，清脆聲響喚醒沉悶氛圍。睡前減少熒幕接觸，提升深度睡眠質量。

小處見用心，平安即是福。

西曆 2026 年 9 月 11 日至 10 月 9 日

月

舊夥伴引薦新機遇，保持聯絡有驚喜。重要通訊留存紀錄，防後續爭議。利用通勤時間親子交流，車上分享每日見聞促進理解。初秋多吃潤肺食材，銀耳羹安神又養生。

善緣結碩果，微小時光聚真情。

西曆 2026 年 10 月 10 日至 11 月 8 日

月

偶感孤獨時約友郊遊，登高望遠解心結。檢視家庭保障計劃，醫療險優先補強。登高作業檢查梯櫈穩固，矮處整理也需安全防護。懷錶或腕錶提醒時間管理重要性。

靜思養心性，良伴添溫情。

西曆 2026 年 11 月 9 日至 12 月 8 日

月

重要提案前模擬演練三次，臨場更從容。合作磨擦書面釐清，勝過爭辯。檢查長輩冬衣是否完好，縫補鈕扣顯關懷。暖身加入手腕腳踝旋轉，防寒季僵硬。

台前光彩幕後功，細膩關懷暖秋冬。

西曆 2026 年 12 月 9 日至 2027 年 1 月 7 日

月

專業口碑帶來收穫，避免過度承諾保持信譽。節日裝飾選穩固底座，防傾倒風險。親子手作感恩卡，手寫心意最珍貴。

誠信立根本，真心勝浮華。

西曆 2027 年 1 月 8 日至 2 月 5 日

月

年約文件逐條確認，特別留意自動續約條款。整理積壓文件，碎紙前再次審核。贈長輩防滑居家鞋，實用關懷最貼心。除夕活動量力而行，充足睡眠保精神。

慎始善終迎新春，安康是最好年禮。

2026年

塔羅牌12星座貼士

為了給大家提供更多角度，我以塔羅牌為
12 星座不同人士占卜，簡略寫下趨吉避凶貼士。以下是占卜結果。

水瓶座

1月21日~2月19日

力量（逆位）

暫收鋒芒養韌性，重要談判讓數據説話。科技產品輔助長輩健康管理，操作介面需簡化。簡約金屬錶帶提醒時間分配。午休觀雲訓練耐心。

雙魚座

2月20日~3月20日

太陽（逆位）

光芒稍斂更見本質，家庭相簿整理重溫初心。保單受益人資訊需年度確認。海浪白噪音助深度休息，天藍寢具營造寧靜。手作感恩卡傳遞未言之愛。

白羊座

3月21日~4月20日

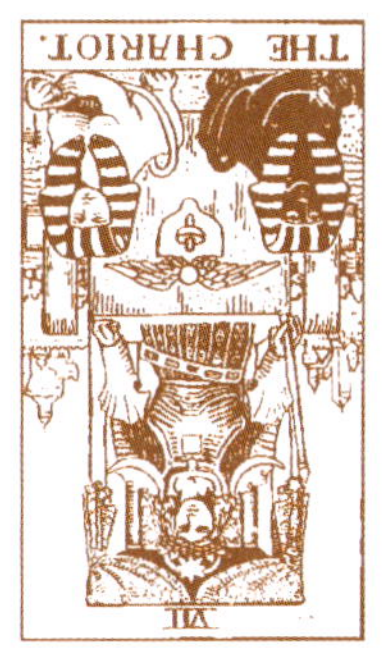

戰車（逆位）

衝勁過猛易失衡，重要決策前先徵詢團隊意見。職場新嘗試從小範圍測試開始，避免資源透支。親子活動選平衡車或滑板，安全護具不可少。隨身攜帶金屬水壺，補充水分兼顧健康節奏。

金牛座

4月21日~5月21日

女祭司（正位）

直覺力敏銳期，商業判斷多信賴內在聲音。長期合作夥伴背景需查證，勿輕信表面資歷。贈長輩智慧手環監測步數，實用關懷最暖心。烘焙燕麥餅乾分享鄰里，簡單滋味連情感。

雙子座

5月22日~6月21日

惡魔（逆位）

掙脫慣性束縛，停滯項目換執行夥伴可突破。財務合約細讀隱藏條款，自動續約需標註。親子共創故事繪本，透過畫筆釋放壓力。防滑運動鞋優先選深紋底，雨天通勤更安心。

巨蟹座

6月22日~7月23日

世界（逆位）

全局觀稍顯模糊，將大目標拆解為三日計劃。家族聚會擔任舊照片修復者，重溫回憶增凝聚力。辦公室添小型空氣淨化器，呼吸品質影響效率。睡前十分鐘指尖按摩舒緩緊繃。

獅子座

7月24日~8月23日

吊人（正位）

換位思考解僵局，領導決策納入基層心聲。投資避高槓桿操作，日常必須品產業更持久。親子角色互換遊戲，寓教於樂破隔閡。運動後髖關節拉伸防勞損。

處女座

8月24日~9月23日

審判（逆位）

過度自省阻行動，每日列三項小成就增自信。居家收納用多功能金屬架，垂直空間省地增效。長輩藥盒貼服用時間標籤，細緻關懷防疏漏。灰藍色文具助冷靜思考。

天秤座

9月24日~10月23日

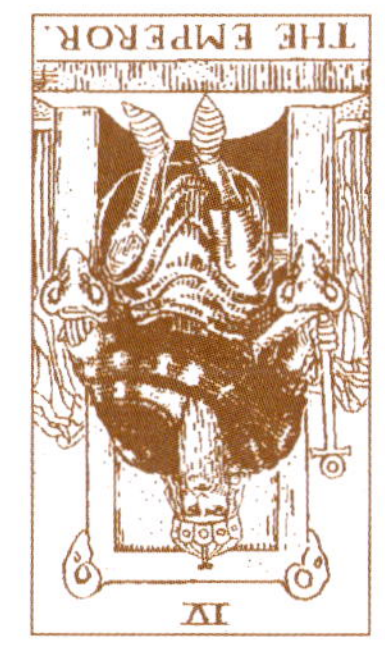

皇帝（逆位）

權威遇挑戰時，用「實驗性方案」取代強硬堅持。合作契約明訂終止條款保彈性。親子共選環保餐盒，綠色實踐即教育。隨身小鏡練習微笑，柔和表情化人際冰霜。

肖狗

天蠍座

10月24日~11月22日

月亮（正位）

潛意識活躍期，夢境靈感可記入晨間筆記。財務重整優先處理模糊債務。舊衣改製購物袋，創意傳承顯心意。深藍筆記本書寫助釐清思緒。

射手座

11月23日~12月22日

星星（逆位）

理想需務實進行，將旅行計劃轉為文化料理體驗。異業合作成本分攤比例要白紙黑字。登山鞋防滑紋每月檢查，安全無小事。晨間自由繪畫十分鐘激活力。

摩羯座

12月23日~1月20日

愚人（正位）

跳出框架創新局，但需評估三個備用方案。檢視住宅保險條款，特別注意水損範圍。金屬框眼鏡定期校準，清晰視野助判斷。通勤聽自然聲響舒壓。

2026年

提升身心靈頻率小貼士

每個人都有屬於自己的能量場，反映身心靈的健康程度。能量以稱為「頻率」的不同幅度振動，能量愈正面頻率愈高，反之能量愈負面頻率愈低。我將提供不同方法，助你在新一年提升自己的身心靈頻率，令你的身心靈更健康，還能同頻同振，吸引更多好能量、好人好事來到身邊！

2026 年對屬狗的朋友來説，是職場發展與責任加重的一年，保持身心靈平衡至關重要。當工作壓力升溫時，試着每天早晨拉開窗簾後靜立片刻，感受自然光照在皮膚上的溫度，同時回想三件值得感恩的小事 —— 可能是健康的雙腿能自由行走，或是昨日同事的暖心微笑。這種簡單的晨間儀式能為整天定下正向基調。面對合作事務的複雜性，在重要會議前可將金屬筆夾在指間轉動，冰涼觸感有助瞬間集中思緒，避免決策被情緒牽引。

居家環境的整潔流動性影響深遠，每週花二十分鐘整理一個小區域（如書架或抽屜），汰換不需要的物品，空間通透感自然帶來心境平和。健康管理重在預防性習慣 —— 運動前多花五分鐘活動手腕腳踝，通勤時改走樓梯取代電梯，這些微小調整既能降低意外風險，也讓身體保持靈活狀態。當莫名焦躁襲來時，試着暫停手上工

作，專注呼吸七次：吸氣數到四，屏息數二，緩緩吐氣數六，重複數次便能重置紊亂思緒。

人際互動是今年的關鍵課題，設定界限不代表冷漠。面對擔保請求時，溫和回應「讓我思考兩天」比當場拒絕更緩和，這段緩衝期既能守護自身，也給對方留尊嚴。睡前不妨花五分鐘寫下當日最觸動的對話片段，不評判好壞純粹記錄，長期累積將提升情緒覺察力。整年身心靈提升的核心在「穩定中求進」——就像大樹生長既需向上伸展枝葉，也需向下扎深根系，在事業進取與自我守護間找到平衡點，才是真正的智慧。

year of

豬 亥

pig

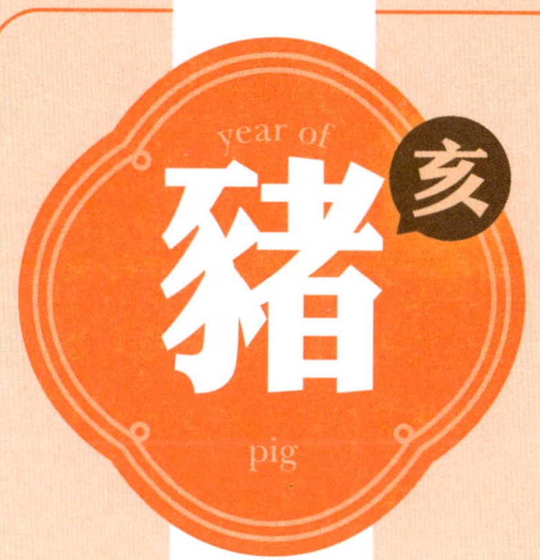

1959
1971
1983
1995
2007
2019

幸運顏色

藍色

水元素本色，流動財運

暖金色

土生金（金生水），
財源接力

綠色

水生木，健康能量

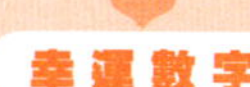

幸運數字

3

生長數，擴展人脈

8

財庫數，守財增值

9

圓融數，化解口舌

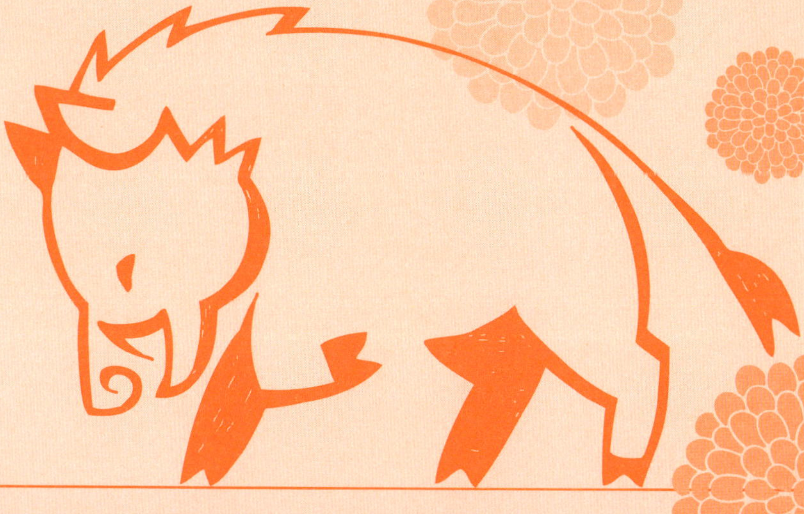

整體運程

屬豬朋友踏入新一年，「三合」與「月德」吉星聯動，將開啟事業跨域發展的關鍵期。此年外派、異地調任或跨國協作的機遇顯著增多，這類變動雖需適應新環境，卻是拓展專業視野的實質跳板。需注意「小耗」星提示的日常財務細節 —— 電子支付設定消費提醒、公共場所隨身包前揹等小習慣，能有效降低意外損失風險。此時定期小額捐助弱勢群體，既是傳統化解之道，更能培養不執着得失的豁達心態。

「劫煞」星預示突發狀況頻率升高，重要行程宜預留三成緩衝時間，簽約時確認不可抗力條款（如氣候、政策變動）。情感層面「死符」星暗藏疏離隱患，伴侶相處需聚焦「質重於量」的互動 —— 異地者可共享線上食譜同步烹飪，同住者設定每日手機免擾時段。親子關係善用通勤碎片時間，車上輪流分享當日見聞，簡短交流反更深入人心。

健康管理貴在預防性應對。舊疾復發訊號需提高警覺 —— 關節舊傷者運動前熱身延長五成，呼吸道敏感者隨身備草本潤喉糖。農曆七月避免深夜追劇，改用有聲書降低藍光傷害。整年核心課題是「在流動中錨定重心」—— 異地工作者可攜帶家鄉茶葉建立味覺儀式，頻繁搬遷者用摺疊檯燈營造固定光暈，微小慣性抵禦漂泊感。

財富與人際呈動態連動。匯率差或異地補貼雖可期，但合作投資需驗證對方在地執行力，避免紙上談兵。貴人運集中於資深前輩群，虛心請教行業潛規則比硬闖更見成效。今年成功關鍵在平衡

「進取」與「守成」——接受變化不強求全局掌控，卻在關鍵環節設緩衝機制——正如航行者順應風向，同時緊繫安全繩索。

事業運

職場版圖向外擴展的趨勢明顯，異地發展或跨文化合作值得積極考慮。「月德」星加持下易獲資深前輩指點，不經意的交流可能帶來關鍵啟發。需注意突發狀況的應對預案，重要會議前準備替代方案，文件傳輸後追加確認訊息。領導團隊時多納入在地視角，文化理解力將成破局關鍵。今年事業心法在「靈活扎根」——如同榕樹氣根，既向外探索亦牢牢抓緊立足之地。

財運

正財隨事業擴張穩健成長，匯率差或異地補貼可能帶來額外收益。「小耗」星顯現於生活細節，電子支付設定單筆限額，公共場所隨身包置於視線範圍內。投資宜關注跨境貿易、物流運輸等流動性產業，分散地域風險。面對人情借貸，溫和回應「資金另有規劃」可守界線。定期小額捐助弱勢群體，既應傳統智慧更培養豁達金錢觀。

愛情姻緣運

情感維繫需突破慣性模式，伴侶相處設計「專屬儀式」——分隔兩地者可約定每週視訊共讀，同住者每日保留免手機打擾時段。單身者進修場合易遇價值觀契合對象，自然展現專業熱情比刻意求

愛更吸引人。親子關係善用晨間十分鐘，早餐桌分享今日計劃增進連結。今年情感關鍵在「心意無懼距離，疏忽卻築高牆」。

健康運

舊疾復發率升高，關節舊傷者運動前熱身延長五分鐘，呼吸道敏感者隨身備草本潤喉片。農曆七月避免深夜追劇，改聽有聲書減少藍光傷害。通勤安全需提高警覺，樓梯濕滑時握扶手，月台候車不盯手機。壓力管理可嘗試「環境重置法」——焦躁時專注辨認周圍五種顏色，快速平復心緒。

西曆 2026 年 2 月 17 日至 3 月 18 日

月

職場新局初啟，跨部門協作機會浮現。主動參與異地專案討論，易獲關鍵視角。情感經營可從日常小儀式着手，如晨間共享咖啡時光。隨身物品檢查拉鏈扣環，防小疏漏。健康留意室內外溫差，薄圍巾常備頸間。

開放態度接新局，細微處見真情。

西曆 2026 年 3 月 19 日至 4 月 16 日

月

異地發展契機具體化，短期差旅可能性升高。文件備份雲端與實體雙軌，防技術意外。伴侶相處避免「理所當然」心態，週末手作晚餐增溫情。通勤鞋檢查防滑紋路，雨天步速宜緩。

流動中守根本，用心烹調暖關係。

西曆 2026 年 4 月 17 日至 5 月 16 日

文化適應成關鍵課題，預習當地禮節避無心失禮。財務流動增快，電子錢包設定單筆限額。親子關係善用零碎時間，放學路分享校園趣事。舊傷部位運動前熱身延長五分鐘。

尊重差異拓視野，點滴交流聚親情。

西曆 2026 年 5 月 17 日至 6 月 14 日

外派細節確認期，住宿條款需逐項核實。贈長輩智能健康手環，遠距關懷兩相宜。情感易因時差疏離，約定每日通訊黃金十分鐘。隨身包選用前背款式，擁擠場合更安心。

條款細究避後患，科技傳情越山海。

西曆 2026 年 6 月 15 日至 7 月 13 日

團隊磨合關鍵期，傾聽在地同事經驗勝硬套舊模式。投資忌跟風炒作，民生相關產業更穩健。親子共製異國料理，咖喱香氣融隔閡。冷氣房備披肩防肩頸僵硬。

西曆 2026 年 7 月 14 日至 8 月 12 日

專業能見度提升，簡報前錄影演練三次更流暢。零錢捐贈箱置玄關，出門順手傳善意。家人相處忌心不在焉，晚餐收手機專注對話。飲品選用溫熱草本茶，護胃養神。

準備功夫不白費，專注當下最珍貴。

西曆 2026 年 8 月 13 日至 9 月 10 日

健康特別關注期，22:00 前就寢保肝氣。異地工作者可寄家鄉零食包裹，滋味解相思。文件簽署注意自動續約條款，標註日曆提醒。樓梯濕滑握扶手，一步一踏穩為上。

夜眠養精蓄銳，小物傳情暖心。

西曆 2026 年 9 月 11 日至 10 月 9 日

跨文化合作開花結果，慶功時不忘幕後夥伴。財務調度預留醫療基金，長輩秋檢早安排。伴侶共學新語言，笨拙發音增情趣。通勤鞋加防滑墊，晨露路面莫輕忽。

成功不忘共創者，健康儲蓄最長遠。

西曆 2026 年 10 月 10 日至 11 月 8 日

思鄉情緒波動期，視訊共賞故鄉節慶直播解愁緒。重要物品貼身保管，外套內袋更穩妥。親子挑戰拼圖馬拉松，協作破關練耐心。關節舊傷者添護具，保暖防潮。

科技縮短距離，協作深化默契。

西曆 2026 年 11 月 9 日至 12 月 8 日

年度衝刺階段，異地成果匯報聚焦具體效益。情感經營需主動破冰，驚喜快遞手寫卡片。冬衣檢查鈕扣鬆脱，小修補顯關懷。暖身運動加入腳踝旋轉，防冬季僵硬。

實績勝過華辭，手寫心意無價。

西曆 2026 年 12 月 9 日至 2027 年 1 月 7 日

人脈網絡收穫期，節慶聚會結識跨界盟友。財務往來留存文字紀錄，口頭承諾易生歧。親子共繪感恩樹，葉片寫滿年度小確幸。熱飲選用桂圓紅棗茶，補血暖心。

善緣終結善果，點滴感恩養心富。

西曆 2027 年 1 月 8 日至 2 月 5 日

異地經驗轉化為職場資本，整理工作心得備未來用。大掃除優先處理積壓文件，碎紙前二次確認。贈長輩防滑室內鞋，實用關懷最貼心。守歲適可而止，子時前安寢蓄元氣。

經驗是最佳行囊，安康是至寶年禮。

2026年 塔羅牌12星座貼士

為了給大家提供更多角度，我以塔羅牌為

12 星座不同人士占卜，簡略寫下趨吉避凶貼士。以下是占卜結果。

水瓶座

1月21日~2月19日

力量（逆位）

關鍵談判以數據替代主觀主張。數碼工具簡化長輩健康追蹤。每日觀雲五分鐘訓練耐心。

雙魚座

2月20日~3月20日

太陽（逆位）

翻看家庭相簿重溫核心價值。年度保單受益人確認勿拖延。手寫卡片傳遞木言之愛。海浪白噪音伴深度休息。

白羊座

3月21日~4月20日

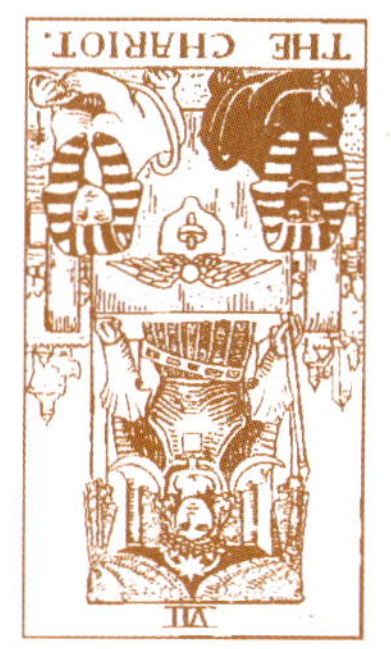

戰車（逆位）

跨域行動前多傾聽在地聲音，避免文化誤判。重要會議提前測試通訊設備防突發斷線。親子約定固定通話時段，穩定互動勝密集補償。運動前檢查場地安全細節。

肖豬

金牛座

4月21日~5月21日

女祭司（正位）

信任直覺篩選合作對象，過往履歷需實質查核。財務文件附錄條款逐行確認。關懷長輩從日常傾聽開始，樸素對話最入心。週末復刻家鄉味滋養鄉愁。

雙子座

5月22日~6月21日

惡魔（逆位）

突破慣性限制，停滯計劃改協作模式可激活。電子支付設定日限額控管衝動消費。親子共創旅行記憶相冊，過程比成果珍貴。通勤步態保持警覺。

巨蟹座

6月22日~7月23日

世界（逆位）

將年度目標拆解為月進度表，每週聚焦三項行動。家族群組發起主題回憶分享，重溫舊照增連結。深呼吸引導焦慮轉化，水聲冥想助安神。

獅子座

7月24日~8月23日

吊人（正位）

換位思考化解團隊磨擦，決策納入多元視角。投資首重民生必須產業，避高風險槓桿。親子週日交換筆記本，文字傳情更深刻。伸展運動納入日常儀式。

處女座

8月24日~9月23日

審判（逆位）

每日記錄三件小成就替代過度自省。居家環境分區逐步整理，清爽空間利思緒。長輩藥物管理建立核對清單。冷色調衣着助客觀判斷。

天秤座

9月24日~10月23日

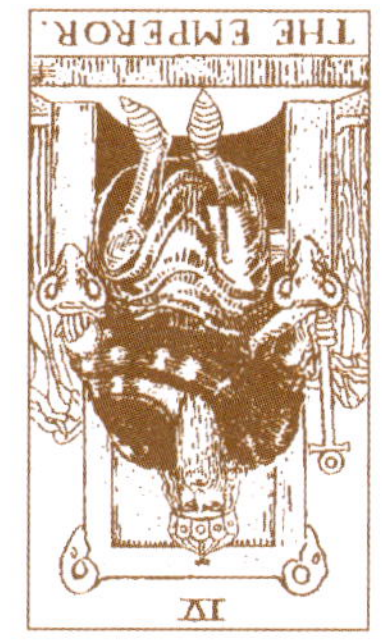

皇帝（逆位）

權威遇質疑時提出試行方案，取代強硬堅持。契約明訂退出機制保應變空間。實踐環保從自備餐盒開始，綠色習慣即教育。微笑練習軟化氛圍。

肖豬

天蠍座

10月24日~11月22日

月亮（正位）

夢境靈感記錄晨間手札，直覺或藏解方線索。財務優先釐清模糊債務關係。舊物改造賦予新功能，創意傳承心意。深藍墨跡書寫釐清迷霧。

射手座

11月23日~12月22日

星星（逆位）

理想需分階段落實，異國文化轉為週末烹飪體驗。合作成本分攤比例書面化。探索自然前評估路線安全係數。晨間自由繪畫活化右腦。

摩羯座

12月23日~1月20日

愚人（正位）

創新需搭配備援計劃，三套方案防突發變數。檢視住家保障範圍，漏水條款要確認。通勤聆聽流水聲重置思緒。

2026年 提升身心靈頻率小貼士

每個人都有屬於自己的能量場，反映身心靈的健康程度。能量以稱為「頻率」的不同幅度振動，能量愈正面頻率愈高，反之能量愈負面頻率愈低。我將提供不同方法，助你在新一年提升自己的身心靈頻率，令你的身心靈更健康，還能同頻同振，吸引更多好能量、好人好事來到身邊！

2026 年對屬豬朋友而言，是機遇與挑戰交織的旅程。當外派或異地任務帶來變動壓力時，試着在晨起後靜立窗邊片刻，感受光照在皮膚上的溫度，同時默念三件感恩小事 —— 或許是健康的雙眼能見晨光，或是昨日陌生人的善意微笑。這簡單儀式能為流動的日子錨定安定感。面對跨文化適應的焦慮，可隨身攜帶光滑金屬片（如銅幣），決策前指腹摩挲其冰涼表面，觸覺刺激有助瞬間聚焦思緒，避免情緒主導判斷。

情感維繫貴在「質重於量」。分隔兩地者約定每週同步觀賞影集，片尾十分鐘視訊分享心得；同住者晚餐時段將手機置入竹籃，專注眼神交流勝過千言。親子關係善用通勤零碎時間，車內輪流分享「今日驚喜時刻」，三分鐘真誠傾聽勝過週末補償性出遊。健康管理需超前部署 —— 關節舊傷者運動前多花五分鐘旋轉腳踝手腕，

呼吸道敏感者隨身備薄荷精油，嗅聞緩解突發不適。農曆七月優先保障睡眠品質，22:00 後改用有聲書替代熒幕追劇。

整年心法在「流動中守核心」——異地工作者每月選定家鄉食材烹調記憶滋味，頻繁搬遷者用固定晨間歌單建立聽覺座標。財務往來時培養分享心態——每日零錢投入專用罐，月末捐助弱勢群體，既轉化得失執念亦滋養富足感。當變動成為常態，這些微小卻持續的儀式如同心靈羅盤，助你在漂泊中不失方向，於挑戰裏淬煉出柔韌智慧。

沖太歲

1960
1972
1984
1996
2008
2020

幸運顏色

松石綠色
水生木，智慧生財

淺卡其色
土剋水平衡，避免消耗

銀灰色
金生水，低調防小人

幸運數字

3
機敏數，捕捉機會

8
財富數，偏財運強

整體運程

2026丙午年對屬鼠的朋友而言，將是考驗應變力與韌性的關鍵期。受「月空」、「破碎」星象主導，日常事務易出現計劃外的變動，像是工作流程突遭調整、合作方臨時更改要求等狀況可能增多。這種能量場提示重要事項需預留彈性空間，尤其簽署文件或商業約定時，建議避開象徵能量散逸的月末時段，並養成「三套思維」的習慣 —— 為每個關鍵決策準備基礎方案、替代路線與應急預案，如此可大幅降低突發干擾的衝擊力。

財務方面需雙線防護，「大耗」與「災煞」並臨暗示現金流波動性加劇，可能體現在稅務調整、設備故障維修等非經常性支出。金錢往來務必落實書面紀錄，對陌生投資邀約保持審慎，舊有債務更應在年內優先清理，避免陳年賬務因對方人事變動衍生糾紛。此時深耕信用管理比追逐收益更重要，穩固的財務基礎方能支撐未來機會。

情緒管理是貫穿全年的課題。「闌干」星可能引發溝通隔閡，而「天哭」與「歲煞」的共振易放大焦慮感，當發現自己陷入反芻性思考時，可嘗試將晨間運動儀式化 —— 選擇向陽路線慢跑或快走，讓自然光線調節生理節律；居家空間則可透過窗台綠植創造呼吸點，像是虎尾蘭、常春藤等低維護品種，既能淨化空氣又象徵生機延續。

冬至前後是能量轉折的重要節點，此時參與公益捐贈（如保暖物資、食物銀行等），不僅回應社會需求，更能將「捨」轉化為心

靈槓桿，為個人氣場注入流動性。需留意的是，此年吉星力量雖不顯著，但「穩守」本身就是最佳策略 —— 與其強求突破，不如專注修補系統漏洞 —— 檢視保險保障範圍、更新專業認證、建立人脈知識庫等基礎建設，將在未來三年顯現複利效應。記住，在風浪中保持航向的船，終將比隨波逐流的船更快抵達港灣。

事業運

職場環境存在潛在波動，「破碎」星象暗示計劃易受外力干擾，執行任務時需建立多重備案，尤其團隊協作或跨部門項目更要注重書面確認。雖缺乏顯著吉星扶持，但「歲煞」的壓力反能激發務實潛能，適合深耕專業技能或整合既有資源。需留意文件疏漏或溝通誤差，重要會議建議提前釐清權責範圍。若考慮轉職，宜審慎評估新環境穩定性，避免衝動決定。保持低調作風，將精力聚焦於提升不可替代性，方能穩步前行。

財運

財務流動性較大，「大耗」與「災煞」並臨需提防突發支出，建議預留應急資金。正財收入尚穩，但投資理財須格外謹慎，高風險項目易受市場波動波及，簽署合約前務必細讀條款，避免口頭承諾。舊賬清理是本年重點，借貸關係應明確釐清。網絡交易或陌生來電涉及金錢時，務必多重驗證對方身份。可考慮將部分資產轉為中長期低風險配置，以平衡現金流壓力。

愛情姻緣運

感情關係易受外部因素影響，「闌干」星可能帶來溝通隔閡，伴侶間需注意瑣事積累的磨擦，預留理性對話空間。單身者拓展社交圈時，宜先觀察對方言行一致性，勿因急於脫單而輕信承諾。已有對象者，可透過共同興趣或輕旅行重溫默契，但避免在情緒低谷時討論重大決定。本年重點在於建立信任基礎，而非追求激情進展。

健康運

「災煞」與「天哭」提示身心需雙重調適。工作壓力可能引發失眠或免疫力下降，宜設定作息界線並培養短時放鬆習慣，如午間散步或呼吸練習。慢性病患需按時追蹤檢查，忽略小症狀恐成隱憂。晨間曬太陽有助穩定情緒，居家環境可增加通風與綠植。交通安全不可輕忽，尤其夜間出行或長途駕駛前應確保精神充足。

2026年

每月運程

西曆 2026 年 2 月 17 日至 3 月 18 日

年度開端宜穩固基礎，職場可檢視年度計劃並預留調整空間。財務往來需確認細節條款，避免口頭協議。感情關係適度增加相處時間，單身者勿急於推進關係。健康注意溫差變化，保持室內通風。

穩健的步伐比華麗起跑更重要。

西曆 2026 年 3 月 19 日至 4 月 16 日

工作執行易遇流程調整，重要事務建議備妥替代方案。開支可能因突發需求增加，預留流動資金應對。伴侶間留意溝通節奏，避免因小事積累誤解。運動習慣可選擇維持室內活動。

彈性是化解變動的最佳緩衝。

西曆 2026 年 4 月 17 日至 5 月 16 日

團隊協作效率提升，可藉此整合跨部門資源。投資理財暫持觀望態度，優先處理稅務或保單續期。社交活動增多，但需平衡時間分配。健康關注頸肩放鬆，適時伸展。

聚焦當下能為未來儲備能量。

肖鼠

西曆 2026 年 5 月 17 日至 6 月 14 日

月

職場可能出現人事微調，保持專業表現即可應對。大額消費前建議多方比價，二手交易需驗證物品狀態。單身者透過興趣圈拓展人際，勿設定過高期待。注意飲食規律性。

日常的穩定即是無形收穫。

西曆 2026 年 6 月 15 日至 7 月 13 日

月

專案進度可能受外部因素延遲，預留時間餘裕因應。獎金或回款入賬時優先清償舊債。伴侶共同規劃輕旅行可重拾默契。戶外活動加強防曬補水。

從容來自於預見變數的準備。

西曆 2026 年 7 月 14 日至 8 月 12 日

月

文件處理需反覆核對，簽署避開月末時段。網絡交易慎防釣魚詐騙，勿點擊不明連結。情感表達可更直接，避免讓對方猜測心意。高溫時段減少劇烈運動。

細緻比速度更值得投資。

西曆 2026 年 8 月 13 日至 9 月 10 日

職場溝通易生理解落差，重要事項以書面確認。娛樂開支可能超支，設定消費上限。舊識重逢或帶來情感新視角。睡眠品質受氣候影響，調整寢具透氣度。

清晰的界線讓關係更長久。

西曆 2026 年 9 月 11 日至 10 月 9 日

新任務帶來成長契機，但需評估自身負載力。理財側重風險分散，避免單一押注。約會安排從簡約互動開始，重質不重量。漸涼時節注意呼吸道保養。

留白的空間讓美好自然醞釀。

西曆 2026 年 10 月 10 日至 11 月 8 日

跨領域合作機會浮現，可累積多元經驗。檢視年度收支，調整預算配置。長期關係需要小驚喜滋潤，簡單手作禮物亦有溫情。關節保暖提上日程。

微小改變能激活停滯的循環。

西曆 2026 年 11 月 9 日至 12 月 8 日

年度衝刺期需協調各方步調，善用數碼工具提升效率。獎金運用建議先儲蓄後消費。單身者勿因社會壓力倉促決定。晨間曬太陽調節冬季情緒。

自己的節奏才是真正的進度。

西曆 2026 年 12 月 9 日至 2027 年 1 月 7 日

月

結案階段注意細節覆核，避免因趕工疏漏。節慶開銷提前規劃清單，減少衝動購物。家庭聚會莫比較成就，專注情感交流。溫補食材宜適量攝取。

圓滿來自接納過程的不完美。

西曆 2027 年 1 月 8 日至 2 月 5 日

月

善用年度交接期盤點資源，為新年佈局奠定基礎。債務關係在年前徹底釐清。重要關係用心表達感謝。室內放置綠植淨化冬鬱氛圍。冬至前後捐助弱勢群體，轉化正向能量。

結束是為了更清醒地開始。

2026年

塔羅牌12星座貼士

為了給大家提供更多角度，我以塔羅牌為
12 星座不同人士占卜，簡略寫下趨吉避凶貼士。以下是占卜結果。

水瓶座

1月21日~2月19日

戰車（逆位）

當方向感暫時模糊，與其強行突破不如重新校準目標。團隊協作中需平衡各方節奏，急躁決策易生變數。給自己三日觀察期再行動。

雙魚座

2月20日~3月20日

隱士（正位）

獨處時光將激發關鍵洞察，暫離喧鬧社交反能釐清人際本質。重要決定可信賴直覺，但需書面留存思考痕跡。

白羊座

3月21日~4月20日

死神（逆位）

抗拒改變可能延緩新生契機。職場異動或關係轉型初期雖有陣痛，半年後回望將見其必要性。捨棄過時承諾即是自愛。

肖鼠

金牛座

4月21日~5月21日

皇帝（逆位）

權威挑戰背後藏有制度更新需求。與其固守既有規則，不如在家庭或工作中建立彈性協作模式，適度放權反增效能。

雙子座

5月22日~6月21日

吊人（正位）

等待期蘊含珍貴的視角轉換。被擱置的計劃正默默累積資源，強求進度不如深耕技能。暫停是為了更精準躍進。

巨蟹座

6月22日~7月23日

力量（逆位）

硬碰硬將損耗核心能量。面對衝突時，用傾聽取代辯解，柔軟態度往往能化解僵局。健康需注意過勞警訊。

獅子座

7月24日~8月23日

命運之輪（正位）

偶然相遇可能牽動長期機緣。保持開放心態接觸新領域，舊識引薦的學習機會尤其值得把握。幸運藏在非常規路徑中。

處女座

8月24日~9月23日

節制（逆位）

極端調配將引發內在失衡。工作與休閒時間宜重新劃界，每日保留三十分鐘「空白緩衝帶」有助穩定心神。

天秤座

9月24日~10月23日

審判（正位）

過往積累迎來階段性驗收。真誠檢視三年前設定的目標，未竟之事可化簡重啟，勿被完美主義捆綁手腳。

肖鼠

天蠍座

10月24日~11月22日

惡魔（逆位）

物質執念可能蒙蔽心靈需求。重新評估消費習慣，割捨三個「面子支出」，釋放的金流與精力將導向更有價值的領域。

射手座

11月23日~12月22日

星星（正位）

希望感修復人際信任裂痕。主動聯繫疏遠的舊友，簡單問候即能重啟良性循環。夜間散步有助靈感湧現。

摩羯座

12月23日~1月20日

世界（逆位）

完整拼圖尚缺關鍵一塊。重大決策前需補足跨領域資訊，諮詢異業者觀點將突破盲區。旅行運勢佳。

2026年

提升身心靈頻率小貼士

每個人都有屬於自己的能量場，反映身心靈的健康程度。能量以稱為「頻率」的不同幅度振動，能量愈正面頻率愈高，反之能量愈負面頻率愈低。我將提供不同方法，助你在新一年提升自己的身心靈頻率，令你的身心靈更健康，還能同頻同振，吸引更多好能量、好人好事來到身邊！

2026 年節奏變化較快，建立簡易的日常儀式有助維持內在穩定。晨間活動是關鍵時段，若條件許可，在日出後三十分鐘內進行輕量運動（如快走、伸展），讓自然光線調節生理時鐘，比刻意追求運動強度更重要。居家環境可強化「視覺呼吸點」——在經常駐足的位置（如書桌、廚房流理台）放置小型綠意盆栽，毋須名貴品種，單純觀察植物生長週期便能轉移焦慮思緒。

面對情緒低潮時，與其強制正向思考，不如實踐「兩分鐘抽離法」——當感到壓力攀升，立即暫停當下事務，專注呼吸七個循環，同時觀察環境中三種藍色或綠色物件，這種感官重置常能中斷負面迴路。金錢流動較大的年份，可將物質焦慮轉化為社會參與，冬季前後捐贈閒置保暖物資給社區機構，重點不在金額多寡，而是透過「給予」動作重新校準豐盛心態。

年度核心原則是「動態平衡」——接受某些日子僅能完成最低標，允許自己用二十分鐘泡杯茶發呆，遠比勉強維持高效更能持久。睡前簡易自問：「今日哪個微小選擇體現了自我善待？」

記錄這些閃光時刻，逐步累積內在韌性。

year of
牛 丑
OX

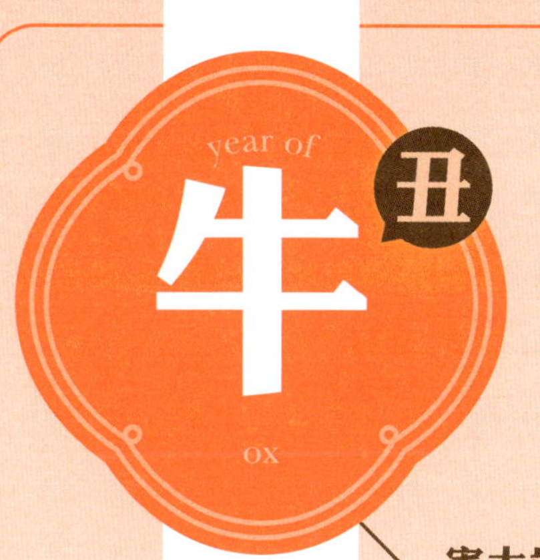

害太歲

1961
1973
1985
1997
2009
2021

幸運顏色

棕色
土元素厚實根基

紫色
火生土（增強行動力）

幸運數字

3
突破數，加速進程

9
成就數，辛勤得厚報

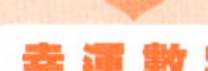

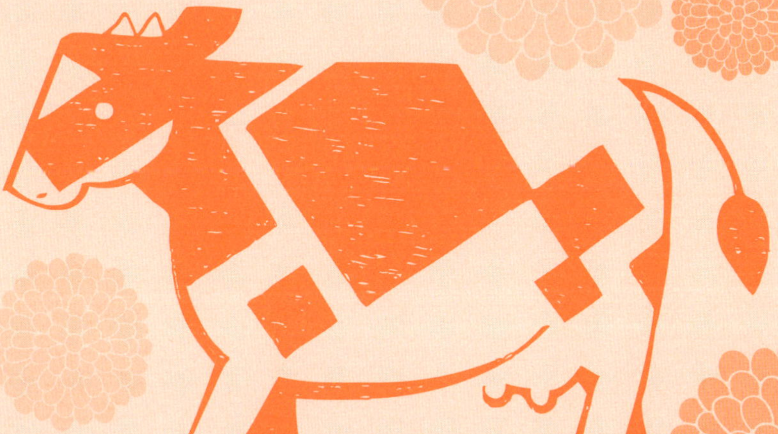

整體運程

2026 年對屬牛的朋友而言，是穩健耕耘與策略調整並重的年份。「紫微」與「龍德」的協力，暗示經驗豐富者的指引將成為重要資源，尤其在與土地、法規相關事務上易獲實質進展。然而「暴敗」、「天厄」的影響也提醒着變數的存在 —— 財務流動性可能加劇，突發支出機率升高，消費決策前宜反覆確認真實需求，避免受限時優惠或情緒驅動的購物行為。

職場上「歲煞」與「天煞」交織，易引發無效焦躁感。當面臨關鍵抉擇時，不妨實踐「三日沉澱法則」—— 將選項書面羅列後暫置，期間專注常規事務，往往能沉澱出更清晰的判斷路徑。人際關係受益於「地解」的化解能量，原有僵局可望透過第三方協調出現轉圜，但需注意溝通時避免絕對化措辭。

安全意識是本年度重點課題。「理兒煞」與「吞陷」提示器械使用風險，日常如駕車前檢查煞車系統、操作電動工具佩戴護具等基礎防護不可輕忽。情緒管理可藉由規律性肢體活動疏導，例如每週三次的阻力訓練，既能強化肌力亦有助釋放壓力。

冬至前後是能量轉折點，此時整理閒置物品捐贈社區，既能騰出物理空間亦能促進心理流動性。全年宜把握「厚積薄發」原則 —— 與其追逐短期爆發，不如深耕專業認證、人脈存摺等長期資產，待時機成熟自見成效。

事業運

職場將迎來結構性調整契機，跨部門協作專案可能增多。「龍德」加持下，資深同事的經驗分享值得重視，尤其流程優化建議往往能提升效率。需留意「歲煞」可能引發的時間壓迫感，接手新任務時應明確釐清優先級，必要時協商合理時限。若考慮職位異動，上半年適合內部調崗累積多元經驗，外部機會則建議詳查企業穩定性。團隊領導者宜建立透明反饋機制，避免訊息落差消耗信任資本。

財運

正財收入相對穩定，但流動資金易受突發事件侵蝕，建議預留三個月基本開銷作為緩衝金。投資理財需警惕高收益承諾，合約條款應逐項確認，二手交易務必面交驗貨。舊有投資組合可趁年中重新平衡，降低單一市場曝險度。「吞陷」影響下，自動續約服務最易形成隱形支出，定期檢視訂閱項目很有必要。重大財務決定前，不妨諮詢獨立理財顧問釐清盲點。

愛情姻緣運

既有關係進入務實調整期，可能放大生活習慣差異引發磨擦。與其聚焦瑣事爭論，不如每月設定專屬對話時間，共同檢視關係需求進化。單身者透過專業進修或志願服務結識對象的機率較高，初期互動宜保持自然節奏。年度重點在「重新校準期待值」，認可伴

侶在壓力下的支持形式未必符合既定想像，實際行動比浪漫宣言更值得珍視。

健康運

意外防護不可鬆懈，長途駕車前務必檢查胎壓煞車，居家維修使用梯具需有人協助看護。慢性病患要留意季節轉換影響，隨身藥物儲備量應多於日常所需。情緒焦慮可透過觸覺活動舒緩，如園藝栽種、陶藝手作等實體操作皆有助安定心神。建議每季安排基礎血液檢查，尤其關注鐵質與維他命 D 水平，以基礎數值監測取代過度養生焦慮。

2026年

每月運程

西曆 2026 年 2 月 17 日至 3 月 18 日

月

年度開局宜善用長輩經驗資源，土地相關事務進展順暢。職場避免同時開啟多線任務，優先完成既有承諾。消費決策暫緩三日可避開衝動型支出。居家安全檢查水電管路。

沉澱的智慧比新穎更可靠。

西曆 2026 年 3 月 19 日至 4 月 16 日

月

專業領域易獲前輩提點，但需消化後再轉化應用。電子支付設定限額防小額流失。伴侶間價值觀差異浮現時，以提問取代論斷。通勤提早出門避開路況高峰。

提問是理解的橋樑。

西曆 2026 年 4 月 17 日至 5 月 16 日

月

文件處理需留意細節矛盾，簽署前交叉核對數據。投資理財宜維持原定步調，勿追市場雜音。共同興趣能重燃關係火花。使用銳器時保持專注力。

恆常節奏勝過追風冒險。

肖牛

西曆 2026 年 5 月 17 日至 6 月 14 日

四月

跨世代協作機會增多，年輕同事的創意值得借鏡。檢視年度訂閱服務使用率，停用閒置項目。單身者透過社群活動拓展視野。戶外工作加強防曬補水。

開放的心態是無形資產。

西曆 2026 年 6 月 15 日至 7 月 13 日

五月

職場情緒張力升高，重大決定前實踐「七十二小時冷卻期」。獎金運用優先償還循環債務。重要約會避開擁擠場所。機械保養預約宜提前安排。

暫停是為了更精準前進。

西曆 2026 年 7 月 14 日至 8 月 12 日

六月

法規事務進展順利，諮詢專業可省後續成本。網絡購物確認退換貨條款再下單。長期關係需要實際支持行動。駕駛前檢查胎壓與冷卻液。

條款細讀勝過事後補救。

西曆 2026 年 8 月 13 日至 9 月 10 日

七月

團隊重組期保持觀察姿態，勿急於表態立場。二手交易面交驗貨最穩妥。舊識重逢帶來情感新啟發。高溫作業定時補充電解質。

觀察是洞見的基石。

西曆 2026 年 9 月 11 日至 10 月 9 日

月

進修深造效益顯現，所學知識可轉化工作優勢。避免為社交面子超支消費。異地戀情宜增加視訊深度交流。登山活動檢查裝備完好度。

知識複利超越短期收益。

西曆 2026 年 10 月 10 日至 11 月 8 日

月

資深人脈引薦關鍵機會，後續跟進需親力親為。稅務文件及早整理申報。家庭活動重於禮物餽贈。季節轉換注意關節保暖。

親力親為是信任的延續。

西曆 2026 年 11 月 9 日至 12 月 8 日

月

年度衝刺期善用數碼工具提升效率，紙本備份不可少。醫療保險範圍需再次確認。情感表達可更直白減少猜測。晨起溫水暖身再活動。

直率是最有效溝通。

西曆 2026 年 12 月 9 日至 2027 年 1 月 7 日

月

結案階段注意權責歸屬，書面紀錄保障雙方。節慶採購制定清單防超支。伴侶間財務觀念需溫和協調。室內外溫差大添衣要及時。

白紙黑字是文明保障。

西曆 2027 年 1 月 8 日至 2 月 5 日

十二月

債務關係年前徹底釐清，模糊承諾易生後患。居家整理時捐贈閒置保暖物。重要感謝當面表達更真摯。器械使用前檢查安全裝置。

善始善終方能輕裝前行。

2026年

塔羅牌 12星座貼士

為了給大家提供更多角度，我以塔羅牌為 12 星座不同人士占卜，簡略寫下趨吉避凶貼士。以下是占卜結果。

水瓶座

1月21日~2月19日

戰車（逆位）

方向盤暫失準時，與其強控不如鬆手檢修。跨部門合作需接納不同步調，急迫決策易生反效果。

雙魚座

2月20日~3月20日

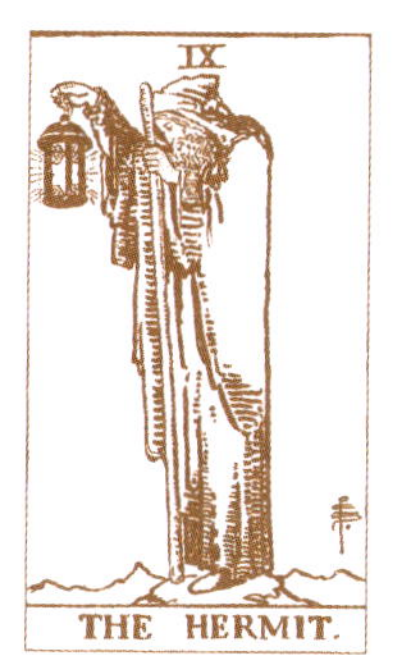

隱士（正位）

孤獨期蘊藏關鍵洞察。暫離社交媒體三日，手寫筆記梳理思緒。法律文件宜獨立研讀條款。

白羊座

3月21日~4月20日

死神（逆位）

抗拒結束反延滯新生。職務異動初期陣痛難免，半年後回望方見必要性。深夜網上購物強制思考二十四小時。

肖牛

金牛座

4月21日~5月21日

皇帝（逆位）

權威鬆動藏革新契機。家庭決策導入民主程序，工作流程增設彈性條款。機械操作前複檢安全守則。

雙子座

5月22日~6月21日

吊人（正位）

停滯期實為視角轉換。被擱置計劃正累積潛資源，強求進度不如精進技能。重要簽約避開月末三日。

巨蟹座

6月22日~7月23日

力量（逆位）

硬碰硬徒耗核心能量。衝突時以提問取代辯解，傾聽姿態常能破僵局。滴水穿石靠持續非力度。

獅子座

7月24日~8月23日

命運之輪（正位）

偶然牽動長期機緣。保持開放接觸新領域，舊識引薦的進修機會尤需把握。風向轉變時張帆非划槳。

處女座

8月24日~9月23日

節制（逆位）

極端調配引發失衡。工作休閒需物理區隔，每日保留三十分鐘「零生產力時段」。自動續約服務全面盤點。

天秤座

9月24日~10月23日

審判（正位）

過往耕耘迎來驗收。檢視三年前目標，未竟事項可簡化重啟。二手交易堅持面交驗貨。

天蠍座

10 月 24 日 ~ 11 月 22 日

惡魔（逆位）

物質執念蒙蔽本心。停用三項閒置訂閱服務，釋放資金轉投體驗學習。重要決定實踐七十二小時冷卻期。

射手座

11 月 23 日 ~ 12 月 22 日

星星（正位）

希望感修復信任裂痕。主動聯繫疏遠舊識，簡短問候重啟善循環。戶外活動檢查裝備完好度。

摩羯座

12 月 23 日 ~ 1 月 20 日

世界（逆位）

全局尚缺關鍵拼圖。重大決策前諮詢異業觀點，法律文件備中英雙版本。金屬器械操作戴護目鏡。

2026年

提升身心靈頻率小貼士

每個人都有屬於自己的能量場，反映身心靈的健康程度。能量以稱為「頻率」的不同幅度振動，能量愈正面頻率愈高，反之能量愈負面頻率愈低。我將提供不同方法，助你在新一年提升自己的身心靈頻率，令你的身心靈更健康，還能同頻同振，吸引更多好能量、好人好事來到身邊！

2026年節奏變化鮮明，晨間是關鍵時段，若條件許可，在日出後半小時內進行輕度活動（如伸展操、陽台呼吸練習），透過自然光調節生理時鐘比追求運動強度更重要。居家環境可設置「視覺休憩點」——在經常停留的角落放置耐綠植，單純觀察葉脈生長紋理便能轉移焦慮。

當焦躁感升高時，與其壓抑情緒，不如實踐「感官重置法」——立即暫停當下事務，閉眼專注呼吸七個循環，同時辨識環境中三種質地差異的物件（如木紋桌面、陶瓷杯壁），此舉常能中斷負面思緒鏈。財務波動較大的年份，可將物質焦慮轉化為社會參與，冬季整理閒置保暖物資捐助社區機構，重點不在捐贈價值，而是透過「給予」動作重新校準豐盛心態。

肖牛

年度核心智慧在「動態平衡」——接納某些日子僅能維持基礎運轉，允許自己用二十分鐘靜坐飲茶，遠比強撐高效更能持久。通勤時嘗試「移動冥想」——透過車窗觀察城市樹冠的四季變化，將意識錨定於當下移動感。

睡前簡易自問：「今日哪個微小選擇體現了自我關懷？」記錄這些日常微光，逐步累積內在韌性根基。

三合

1950
1962
1974
1986
1998
2010
2022

幸運顏色

墨綠色
木元素蓄力，沉穩制勝

灰色
金剋木（自我約束），
避免衝動

深藍色
水生木，深謀遠慮

幸運數字

3
領袖數，掌控全局

8
權勢數，事業擴張

1
開創數，先機在握

整體運程

踏入 2026 丙午年，屬虎的朋友將迎來一個「機遇與挑戰並存」的年份。本年得到「三合」吉運的加持，在人際關係與團隊協作方面容易感受到順暢與支持的力量。這種能量可能體現在工作中與同事合作更為融洽、朋友間互助的情誼加深，或是在需要時較易獲得他人的善意協助。這種人緣上的優勢，為整年的發展奠定了較為穩固的基礎，也帶來一份無形的助力。

然而，如同多數年份的運勢起伏，2026 年也並非全然平順無波。本年存在一些需要留意的面向。整體氛圍上，可能會遇到些微的人際張力，例如無心之言引起誤會，或成為他人私下議論的對象。這些情況雖非必然發生，但保持言行上的適度謹慎與低調，有助減少不必要的關注或潛在阻力。當察覺到周圍氛圍有異或身處是非邊緣時，選擇暫時退讓或靜觀其變，往往能讓事情更自然地明朗化，避免陷入無謂的紛爭。

此外，生活中也可能浮現一些計劃外的變化或小波折。這可能表現在財務上需要應對突發的開支，健康方面需多一分留意，或是某些事情的進展不如預期般順利。面對這些情況，預先做好心理準備，並在財務管理上預留一定的彈性空間（例如儲備一筆備用金），是較為實際且能帶來安全感的做法。關鍵在於不讓這些波動過度影響情緒與判斷。

整體而言，2026 年對屬虎者來說，是一個考驗智慧與韌性的階段。「三合」帶來的人緣與合作優勢是寶貴的資源，應善加利用，廣

結善緣。同時，對可能出現的挑戰保持一份平和與務實的態度。毋須過度擔憂，但也毋須刻意張揚。專注於穩步前行，在順境中把握機會，在遇到小風浪時沉着應對，維持內心的穩定與外在的低調，將有助於更從容地駕馭這一年的運勢起伏，在平穩中尋求穩健的發展。心態上的平衡與腳踏實地，是這一年順遂的關鍵。

事業運

「三合」為事業帶來團隊合作或人際網絡上的有利氛圍，屬虎者容易感受到同儕或前輩的無形支持。然而，職場環境中可能存在微妙的競爭關係或背後議論。這一年事業發展的基調傾向於穩健踏實。專注於自身職責的完善與執行，避免捲入無謂的紛爭或過度突顯個人鋒芒，是較為合適的策略。合作項目雖有優勢，但清晰的溝通與共識是順利進行的基礎。遇到新機會時，審慎評估其可行性與自身狀態後再做決定，會比匆忙投入更為穩妥。對於處於管理角色的屬虎者，留意團隊氛圍的調和，有助於維持工作效能。保持謙和、樂於溝通的態度，能有效利用人緣優勢，緩和潛在的人際張力。

財運

2026年肖虎者的財運呈現「穩中有動」的態勢。有利於透過合作或人際關係帶來正財方面的穩定或機會。不過，「大煞」、「地煞」及「飛廉」等星象，也提示財務上可能出現非計劃內的開支或波動。這一年在財務規劃上，傾向於保守穩健的態度。對於高風險

或投機性質的財務操作，保持較高的警覺性是合理的。確保有一筆備用金應對生活中的突發狀況，例如家庭開支或維修等，能提供心理上的安全感。日常消費量力而為，避免超出預算的衝動花費。整體而言，本年財運的重點在於妥善管理已有的資源，穩守為上，減少不必要的冒險，更能從容應對可能的起伏。

愛情姻緣運

感情方面，「三合」有助於屬虎者的人際互動，單身者有機會在社交場合或朋友圈中認識新對象，初期發展可能需要多一些時間建立信任和了解。已有伴侶者，這股能量有助於共同參與社交活動或找到共同興趣點，增進相處的默契。然而，「指背」星也暗示感情生活可能較易受到外界關注或無關的閒言影響。伴侶間相處，留意因生活瑣事累積的小磨擦，平和的溝通比爭執更能化解分歧。這一年感情維繫的重點在於相互體諒，以及在面對外來壓力或誤解時，保持彼此間的信任與低調。專注於雙方的相處品質和情感交流，能為關係帶來穩定感。

健康運

健康是屬虎朋友 2026 年可以多關注的面向。受到「白虎」、「飛廉」及「大煞」等的綜合影響，提示需多留意日常安全，避免意外磕碰或運動時可能的損傷。進行體育活動前做好準備，選擇適合自身狀態的運動強度是明智的。在交通出行或使用器械時，保持專注

力有助於安全。此外，生活中的壓力或精神緊繃感可能較為明顯，找到適合自己的方式調節心情和維持規律作息，對身心平衡有益。留意身體發出的訊號，適時休息。整體而言，抱持預防勝於治療的觀念，對維護本年健康狀態有幫助。

西曆 2026 年 2 月 17 日至 3 月 18 日

新年熱鬧氣氛中需要保持清醒視角。工作上可能遇到團隊調整或新安排，配合整體步調會比較順利。財務規劃要預留彈性空間，節慶開支後需要重新平衡收支。人際交流注意說話分寸，避免無心之言引起誤會。健康重點在維持規律作息，過度歡聚容易打亂生活節奏。

靜靜觀察，慢慢起步。

西曆 2026 年 3 月 19 日至 4 月 16 日

生活逐漸回到日常軌道，是建立穩定節奏的好時機。工作方面專注做好本職事務就好，不需要刻意突出表現。財務決定需要多確認幾次，避免衝動消費。感情自然相處最舒服，刻意經營反而顯得生硬。季節轉換期間要留意天氣變化，隨身帶備薄外套很實用。

做好小事，保持平常心。

西曆 2026 年 4 月 17 日至 5 月 16 日

月

可能出現些新機會，但需要仔細評估是否適合自己。工作選擇要考慮長期發展，不要只看眼前利益。財務流動增加時更要留緩衝空間，以備不時之需。和人相處保持開放態度，接納不同想法。戶外活動量力而為，不要勉強自己跟上別人步調。

想清楚再動，不趕時間。

西曆 2026 年 5 月 17 日至 6 月 14 日

月

事務增多時容易感到煩躁，需要保持耐心。工作按輕重緩急一件件處理，避免同時多頭進行。重要溝通務必確認雙方理解一致，減少誤會。消費時區分必要和非必要開支，實用性優先。關係相處中給彼此留些空間消化情緒效果更好。

西曆 2026 年 6 月 15 日至 7 月 13 日

月

社交互動變得頻繁，是人際交流的重要月份。工作合作要真誠溝通，過度承諾反而增加壓力。聚會活動根據自己精力選擇參加，不需要每場都到。金錢往來明確界線能避免後續麻煩。感情自然相處最自在，刻意安排反失真誠感。

真心交流，不勉強自己。

西曆 2026 年 7 月 14 日至 8 月 12 日

適合放緩腳步整理思緒的時段。工作檢視改進比快速推進更重要，找出可優化的細節。文件處理多花點時間確認，減少疏忽出錯。財務基礎需要穩固，儲蓄計劃要持續執行。感情在日常小互動中累積溫度，不必追求戲劇化表現。

回頭看看，再往前走。

西曆 2026 年 8 月 13 日至 9 月 10 日

平衡生活節奏是本月關鍵課題。工作分清主次任務處理，避免消耗在瑣事上。外出移動預留充裕時間應對突發狀況。計劃外開支可能出現，平時儲備這時顯出價值。健康要特別注意工作與休息的調配，避免過勞。

忙中偷閒，張弛有度。

西曆 2026 年 9 月 11 日至 10 月 9 日

行動力回升的階段，適合推進事務。工作可處理先前擱置的計劃，表達時注意溫和語氣。財務流動增加但仍需穩健管理，避免冒險操作。感情分享真實想法比精心準備的驚喜更能拉近距離。

該動就動，溫和表達。

西曆 2026 年 10 月 10 日至 11 月 8 日

月

重心轉向家庭與個人生活的月份。工作保持穩定節奏即可，給生活騰出調整空間。家人相處多傾聽少評論，體諒彼此差異。開支可能用於家居改善或家庭需求。天氣轉涼時注意保暖，特別是早晚溫差大的日子。

照顧好自己，關心身邊人。

西曆 2026 年 11 月 9 日至 12 月 8 日

月

溝通效率決定事情成敗的時期。工作交流要簡明扼要，聚焦核心重點。不參與無建設性的辦公室閒聊，保持專業距離。財務合作務必確認所有條款細節。小誤會及早溫和溝通，避免積累成心結。

有話直說，不鑽牛角尖。

西曆 2026 年 12 月 9 日至 2027 年 1 月 7 日

一
月

踏實面對年終總結的階段。工作誠實呈現成果比誇大更有價值。社交圈適度精簡讓人更專注當下。節日開銷需要提前規劃預算，避免事後懊惱。健康基礎保養不能忽略，特別是寒冷天氣的防護。

實話實說，簡單過日子。

西曆 2027 年 1 月 8 日至 2 月 5 日

溫馨氛圍中準備迎接新年。工作收尾同時可思考新年方向。聚會活動享受當下歡樂時光，也要注意精力分配。整年財務狀況回顧帶來實用啟示。感情在真誠感謝與分享中自然升溫。

感恩過去，輕鬆迎新。

2026年

塔羅牌12星座貼士

為了給大家提供更多角度，我以塔羅牌為
12 星座不同人士占卜，簡略寫下趨吉避凶貼士。以下是占卜結果。

水瓶座

1月21日~2月19日

星星（正位）

保持希望指引方向。即使現狀模糊，直覺與信念將助你穿越迷霧。微小行動累積成未來藍圖。內在光輝永不熄滅。

雙魚座

2月20日~3月20日

月亮（逆位）

直視潛藏的情緒。混亂感受需被正視而非逃避，釐清源頭後陰影自散。信任直覺但不過度解讀。

白羊座

3月21日~4月20日

戰車（逆位）

今年需平衡衝動與耐心。面對目標時，與其強行突破，不如檢視策略與資源分配。偶爾放緩腳步反能避開無謂消耗，蓄力等待更佳時機。方向比速度更重要。

金牛座

4月21日~5月21日

皇后（正位）

豐盛能量縈繞生活。適合專注滋養自身與重要關係，從日常細節中感受滿足。創造力提升，但需避免過度耽溺舒適圈。溫柔善待自己與周遭。

雙子座

5月22日~6月21日

隱士（正位）

暫離喧囂有助釐清思緒。今年適合透過獨處或深度對話沉澱想法，匆忙決策易生誤判。知識探索帶來意外啟發。靜心聆聽內在聲音。

巨蟹座

6月22日~7月23日

力量（逆位）

面對壓力時易感焦躁。與其強硬對抗，試着接納脆弱面並尋求支持。真正的勇氣在於承認限制後再出發。柔韌比抗衡更有力。

獅子座

7月24日~8月23日

命運之輪（正位）

變化中暗藏轉機。保持開放態度接納新局，過度掌控反易錯失可能性。順勢而為的智慧是關鍵。靈活適應即是前進。

處女座

8月24日~9月23日

審判（逆位）

對自我或他人別太嚴苛。與其糾結過往選擇，不如專注當下能改善之事。放下批判心態，空間自然寬廣。接納不完美亦是成長。

天秤座

9月24日~10月23日

戀人（正位）

人際連結帶來滋養。真誠溝通深化信任關係，合作事項進展順遂。但需留意平衡付出與接收。珍視心意相通的時刻。

天蠍座

10 月 24 日 ~ 11 月 22 日

死神（正位）

結束為新生鋪路。坦然面對階段性完結，釋放不再服務於你的人和事物，內在蛻變後將見曙光。放手方能擁抱新章。

射手座

11 月 23 日 ~ 12 月 22 日

愚人（逆位）

冒險前需評估現實。雖嚮往自由探索，但衝動行事易生波折。設定務實框架反能拓展更遠。扎根後的飛翔更穩健。

摩羯座

12 月 23 日 ~ 1 月 20 日

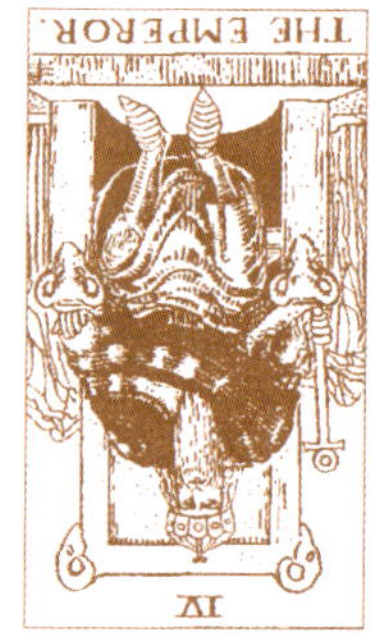

皇帝（逆位）

權威未必帶來掌控。與其固守僵化規則，試着傾聽不同聲音。靈活調整方法，效果可能更佳。剛柔並濟才是王道。

2026年

提升身心靈頻率小貼士

每個人都有屬於自己的能量場，反映身心靈的健康程度。能量以稱為「頻率」的不同幅度振動，能量愈正面頻率愈高，反之能量愈負面頻率愈低。我將提供不同方法，助你在新一年提升自己的身心靈頻率，令你的身心靈更健康，還能同頻同振，吸引更多好能量、好人好事來到身邊！

2026 年對屬虎的朋友而言，外在環境的波動可能帶來內在的考驗，維持身心靈的平衡與韌性顯得尤為重要。提升頻率的核心在於培養日常的覺察與內在的穩定感。首先，建立簡單的靜心習慣是基礎。毋須複雜儀式，每天抽出片刻安靜時光，專注於自然的呼吸或身體感受，有助於在繁忙中安頓思緒，拉回當下。

這片刻的暫停，能為內心注入平靜的種子。其次，留意與身體的連結。身體是心靈的鏡子，當感到緊繃或疲憊時，溫和地活動筋骨，無論是散步、伸展或選擇讓自己感到舒適的輕度運動，都能疏通滯礙的能量，促進氣血流通。重要的是傾聽身體的需求，避免勉強或過度消耗。在飲食方面，傾向於自然均衡的選擇，讓身體獲得適宜的滋養，並留意飲食的節奏，避免成為另一種壓力來源。

再者，管理情緒能量是關鍵。覺察情緒的起伏是第一步，毋須壓抑或過度反應，承認感受的存在，再以深呼吸或轉換環境等方式溫和疏導。練習在是非或壓力情境中，先照顧好自己的情緒狀態，避免被外在波動過度牽引。培養感恩與接納的心態也很有幫助。即使在挑戰中，試着留意生活中微小的美好或值得感謝之處，這能轉化視角，積累內在的豐盛感。同時，學習接納生活中的不完美與不可控，減少無謂的內耗。最後，適度接觸自然元素，無論是窗邊的陽光、公園的綠意，或聆聽雨聲，大自然的頻率具有天然的療癒力，能協助身心重新校準。在季節更替時（如冬至前後），進行居家整理或物品流通，象徵釋放舊有能量，迎接新氣象，也能帶來心靈的輕盈感。

整體而言，2026 年的身心靈提升，不在於追求戲劇性的轉變，而在於透過微小而持續的自我關照，在變動中築起從容應對的內在力量與清明覺知，讓身心靈在低調前行中保持和諧與彈性。

破太歲

1951
1963
1975
1987
1999
2011
2023

幸運顏色

卡其色

土培木，根基穩固

藍色

水生木，緩和敏感

白色

金剋木（修剪枝葉），專注目標

幸運數字

2

合作數，貴人扶持

7

靈性數，直覺精準

9

圓滿數，避開競爭

整體運程

屬兔者踏入 2026 年，猶如步入溫煦的晨光，整體氣場平和而蘊藏生機。這一年沒有戲劇性的起伏，卻能在尋常中醞釀轉機。吉星能量為生活鋪墊了穩健基調，尤其人際互動將成為重要養分——無論是職場協作或私人社交圈，自然流露的真誠容易吸引理念相近的夥伴。單身者在日常場景如專業講座、藝文空間或社區活動中，有機會遇見頻率相合的對象；已有伴侶者則能透過微小儀式感，重溫初識時的默契。

事業發展呈現「厚積薄發」的節奏，與其追求立竿見影的成果，不如專注於深耕既有領域。團隊合作往往比孤軍奮戰更見成效，例如跨部門專案或異業結盟，可能激發意想不到的創意火花。需留意的是，過度理想化可能偏離現實，適時參考務實派夥伴的觀點，能幫助校準方向。

財務方面如同細水長流，正財收入維持穩定，額外獎勵可能以小額分紅形式出現。今年適合重新檢視資源配置，例如整合零散投資、調整重複性訂閱服務，這些微調如同梳理河道，能讓資金流動更順暢。消費時可多問自己「是否真正需要」，此舉無關節儉，而是讓物質與內心需求更契合。

家庭關係是隱形的充電站。與長輩的下午茶閒談、和伴侶的市集散步，這類平凡互動能沉澱紛擾思緒。當外部環境變動時，親近之人的支持往往比預期更有力量。

健康需關注「隱形消耗」。長時間屏幕工作後的肩頸緊繃、匆

促進食後的消化滯重，這些細微訊號提醒你建立節奏感——每工作九十分鐘起身舒展、預留十五分鐘專心用餐，微小停頓反而能提升整體效能。

2026年的精髓在於「平衡的藝術」——不過度樂觀也不消極保守，在變動中保持核心安定。當你專注於當下能掌握的細節，自會發現機會已在日常中悄然萌芽。

事業運

職場將體驗團隊互補的專業能力，可突破單一視野局限。從事顧問、教育或文化工作者，易在交流中收穫跨界靈感。管理層需扮演資源調配者角色，避免過度介入細節，適度授權能激發團隊主動性。今年宜採取「優化重於擴張」策略——鞏固現有客戶關係的深度，比開拓大量淺層連結更有價值；改良既有工作流程，例如導入數碼工具減少重複行政，效率提升等同創造新資源。若遇決策分歧，可將爭議點轉化為探索性議題，邀請多方提供實例佐證，往往能找出折衷新路徑。

財運

正財如常進帳，額外收入可能來自長期累積的成果，例如過往專案的分潤或資格認證帶來的加薪機會。與他人共有財務時（如家族投資、合夥事業），書面釐清權責可預防未來磨擦。投資方向宜關注「民生必須」領域，如基礎建設、永續能源等中長期穩健標的，避免追逐話題性飆升資產。今年有「整理財務肌理」的契

機——重新檢視保險覆蓋率是否匹配現階段需求；歸納零散帳戶統一管理；取消閒置已久的會員扣款。這些動作看似瑣碎，實則如同定期保養機械，能減少無謂耗損。

愛情姻緣運

單身者桃花動能在「非刻意場合」流轉。進修課堂的討論小組、Volunteer 活動的過程，自然互動中更易辨識價值觀契合度。初期相處建議保持適度餘裕，過度熱切可能模糊判斷力。已有伴侶者需警惕「習慣性忽略」，例如各自滑手機取代晚餐交談。每月規劃一次「無目的約會」——不設定行程，單純散步或騎車探索街區，新鮮感油然而生。已婚者面臨家庭責任分配課題，與其計較付出比例，不如建立「專長分工」模式——一方擅長理財便主導賬務，另一方熱愛料理則規劃膳食，讓責任轉化為互補樂趣。

健康運

生理狀態無重大警號，但現代生活「碎片化消耗」值得關注。建議建立「專注時區」——每日保留 1-2 小時遠離通知干擾，閱讀或手作讓思緒沉澱。運動不必追求強度，每日十五分鐘伸展或快走，持續性比爆發力更重要。戶外活動時優先檢查裝備安全性，例如單車輪胎氣壓、登山鞋防滑紋路，基礎預防勝過事後補救。飲食可嘗試「色彩管理」——每餐確保餐盤有三種以上天然色系食材（如綠葉菜、黃粟米、紅番茄），視覺豐富自然提升營養均衡。心理疲憊時，整理櫥櫃、修剪植物等重複性勞動，反而能梳理內心毛球。

2026年

每月運程

西曆 2026 年 2 月 17 日至 3 月 18 日

月

事業以穩健步伐開局，團隊協作效率提升，適宜規劃年度目標。單身者社交場合易遇氣質相投對象，輕鬆交流更顯自然魅力。健康需關注春季溫差，洋葱式穿搭預防呼吸道不適。財務避免衝動購物，列出需求清單再行動。家庭聚會增進親情連結，長輩經驗值得聆聽。

初始的從容醞釀整年豐盈。

西曆 2026 年 3 月 19 日至 4 月 16 日

月

職場進入細節攻堅期，合約條款與數據報表需雙重核對。有伴侶者共同學習新技能可重燃火花，如烹飪課或語言班。開支略增於進修或健康投資，選擇實用性課程更值。運動前充分熱身，久坐族每小時伸展肩頸。傍晚散步有助釐清思緒。

專注當下是最高效的耕耘。

肖兔

西曆 2026 年 4 月 17 日至 5 月 16 日

社交活躍，行業論壇與藝文活動拓展人脈視野。單身者透過志工服務易遇心靈契合夥伴。創意工作者靈感迸發，協作專案推進順暢。投資宜採分散策略，避免重押單一標的。飲食留意季節轉換過敏源，新鮮食材取代加工食品。

敞開胸懷自會遇見同頻星光。

西曆 2026 年 5 月 17 日至 6 月 14 日

職場人事微調期，保持專業中立遠離派系閒談。家庭設備更新或親友婚宴開支，預留彈性預算。伴侶間價值觀差異浮現，咖啡廳深度對話勝過爭辯。冷氣環境備圍巾護大椎穴，午休閉目養神補元氣。舊書整理捐贈帶來清爽能量。

差異是理解彼此的另一扇窗。

西曆 2026 年 6 月 15 日至 7 月 13 日

創意能量高峰，提案企劃易獲青睞。有伴侶者郊外踏青或露營重拾浪漫。運動避開正午烈日，選擇晨間游泳或室內攀岩。財務檢視保險內容，調整不符需求的方案。閱讀紙本書取代碎片資訊，沉澱心緒效果佳。

新鮮體驗為日常注入活泉。

西曆 2026 年 7 月 14 日至 8 月 12 日

月

工作進入驗收階段，反覆修改需預留時間餘裕。檢視半年收支，取消閒置訂閱與重複會員。社交精簡至真誠小圈，深談勝過多場應酬。自製消暑飲品（如薏仁水）調理濕氣。捐贈舊衣同時清理心理雜物。

減法生活騰出幸福空間。

西曆 2026 年 8 月 13 日至 9 月 10 日

月

舊識引薦開啟跨界機會，保持開放態度接洽。單身者得長輩介紹對象可能有意外共鳴。簽約注意附加條款，諮詢專業意見更穩妥。飲食慎選生冷食物，海鮮務必新鮮烹熟。夜間冥想緩解人際焦慮。

善緣總在真誠互動中萌芽。

西曆 2026 年 9 月 11 日至 10 月 9 日

月

家庭事務優先，裝修遷徙或親族照護需耐心協調。職場按既有流程推進即達標，勿受他人進度干擾。伴侶共同下廚強化合作默契。晨間太極或瑜伽穩定核心肌群。財務暫緩大額支出，觀察市場波動。

家的溫暖是終極充電站。

西曆 2026 年 10 月 10 日至 11 月 8 日

九月

進修運勢看漲，線上課程或工作坊提升專業資本。投資聚焦民生必須產業，避開投機型商品。伴侶規劃財務目標激發共同動力。秋燥多飲杏仁茶潤肺，增添室內綠植淨化空氣。整理知識筆記深化學習成效。

自我投資永遠穩賺不賠。

西曆 2026 年 11 月 9 日至 12 月 8 日

十月

職場協同效應顯現，跨部門合作突破瓶頸。單身者專業交流擦出火花，但需釐清公私界線。用眼過度致乾澀疲勞，設定每五十分鐘遠眺十分鐘。添購保濕型眼霜滋養肌膚。年末禮物清單及早規劃。

專業魅力是最佳吸引力。

西曆 2026 年 12 月 9 日至 2027 年 1 月 7 日

十一月

節慶社交季來臨，聚會篩選質重於量。手作禮物（如烘焙點心）傳遞心意更顯獨特。滑雪或溫泉行程檢查裝備安全，避免單獨行動。家庭預算管控節制衝動消費。熱紅酒佐肉桂提升冬日幸福感。

手作的溫度直抵心底。

西曆 2027 年 1 月 8 日至 2 月 5 日

年度覆盤黃金期，整理成就與未竟事項。伴侶共同大掃除或整理旅行相冊重溫回憶。聚餐控制油膩攝取，白蘿蔔湯助消化順氣。靜心書寫新年願景，具體目標勝於空泛發想。暖陽下閱讀沉澱心靈。

沉澱是為了更高飛翔。

2026年
塔羅牌12星座貼士

水瓶座

1月21日~2月19日

星星（逆位）

理想與現實出現落差時，微調目標更務實。社群互動避免捲入口舌之爭。睡前冥想安定思緒。

雙魚座

2月20日~3月20日

世界（正位）

階段性任務圓滿收尾，適度慶祝成果。跨領域交流激發靈感，單身者易遇心靈契合對象。

白羊座

3月21日~4月20日

力量（逆位）

面對挑戰時易顯急躁，練習深呼吸暫停反應。職場合作避免強勢主導，聆聽他人觀點能轉化阻力。

為了給大家提供更多角度，我以塔羅牌為 12 星座不同人士占卜，簡略寫下趨吉避凶貼士。以下是占卜結果。

金牛座

4 月 21 日 ~ 5 月 21 日

吊人（正位）

暫時停滯感是重整視角的契機。感情需要跳脱慣性思考模式，單身者嘗試新社交圈。健康關注睡眠品質。

雙子座

5 月 22 日 ~ 6 月 21 日

戰車（逆位）

多線任務導致精力分散，本月聚焦單一目標更有效。避免衝動承諾，簽約前確認執行細節。

巨蟹座

6 月 22 日 ~ 7 月 23 日

皇后（正位）

創造力與包容力高漲，適合主導家庭聚會或團隊活動。財務可添置提升生活質感的物品。

獅子座

7月24日~8月23日

死神（逆位）

糾結舊模式恐阻礙進展，職場果斷結束低效項目。關係中未解決的癥結宜溫和溝通。

處女座

8月24日~9月23日

隱士（正位）

深度思考優於廣度社交，獨處時釐清年度目標。專業知識精進帶來突破，避免過度介入他人事務。

天秤座

9月24日~10月23日

戀人（逆位）

合作關係需明確權責邊界，模糊承諾易生誤會。重大決定避免依賴他人意見。

天蠍座

10月24日~11月22日

命運之輪（正位）

意外轉機出現在日常場景，保持靈活應變力。舊人重逢帶來新合作契機。

射手座

11月23日~12月22日

節制（逆位）

熱情易分散焦點，旅行計劃確認交通細節。消費控管慾望型支出，設定娛樂預算上限。

摩羯座

12月23日~1月20日

皇帝（正位）

領導力受認可，職場果斷決策推進停滯專案。家庭事務需明確擔當角色。

2026年

提升身心靈頻率小貼士

每個人都有屬於自己的能量場，反映身心靈的健康程度。能量以稱為「頻率」的不同幅度振動，能量愈正面頻率愈高，反之能量愈負面頻率愈低。我將提供不同方法，助你在新一年提升自己的身心靈頻率，令你的身心靈更健康，還能同頻同振，吸引更多好能量、好人好事來到身邊！

2026 年對屬兔者而言，是能量溫和流動的年份。身心靈的平衡不在於宏大變革，而在日常細微處的覺察與調頻。早晨醒來時，先別急着查看手機，靜坐三分鐘感受呼吸起伏，這短暫停頓能錨定一日節奏。通勤或午休時，可嘗試「環境冥想」—— 專注聆聽周遭五種聲音（如鍵盤敲擊、風聲、腳步聲），不評判地接納它們存在，此舉有助鬆解累積的緊張感。

身體保養需回應現代生活特質。長期熒幕工作易使肩頸僵硬，每小時進行「十字伸展」—— 雙臂平舉向左右延伸，再緩慢上舉交疊成 V 字，重複三次即能疏通氣血。飲食順應自然節律，春季多吃芽菜與深綠葉菜助肝氣疏泄，秋冬以根莖類食物儲存暖意，不必拘泥特定食譜，重點是覺察身體對食物的真實反應。

心理頻率提升關鍵在「選擇性接收」。資訊爆炸時代，主動篩選滋養性內容——減少碎片化爭論，多閱讀人物深度訪談或自然紀錄片。遇到人際磨擦時，練習「情緒延遲反應」——先自問「這是否值得消耗我的能量？」多數紛擾會在此濾網中自然沉澱。

靈性層面毋須追求玄妙體驗，日常就能累積修為。照料植物時觀察新芽綻放的耐心，烘焙時感受麵糰膨脹的生命力，這些都是與萬物共振的修行。睡前三分鐘感恩練習，回顧當日三個微小確幸（如順暢的綠燈、同事分享的茶點），長久累積將重構看待世界的濾鏡。

年度核心在「柔韌的安定感」。當外在變動時，像水草般順流擺動而非抗拒，保持核心的沉穩。記住，真正的頻率提升非追求永恆高亢，而是學會在波動中迅速恢復平靜的中軸線。

1952
1964
1976
1988
2000
2012
2024

幸運顏色

黃色
土元素尊貴本色

銀色
金洩土（流通能量），
化解壓力

金色
財富巔峰色

幸運數字

❶
至尊數，引領風潮

❻
順遂數，天時地利

❽
霸業數，權財兼得

整體運程

2026丙午年對屬龍的朋友而言，是一個強調「穩健發展」與「務實累積」的年份。整體運勢平順中帶有進取的契機，沒有劇烈的起伏，但需要耐心耕耘，方能穩步前行。

這一年最突出的亮點在於學業與進修運程。無論是校園學子或在職人士，學習能力和吸收效率都處於較佳狀態。對於專業知識的鑽研、技能提升或考取認證，都是非常有利的時機。付出的努力較易轉化為可見的成果，考運也相對順遂，是深化專業、充實自我的好年頭。

事業發展呈現「先緩後順」的態勢。年初可能需面對一些過渡性的調整，例如適應新環境、釐清工作方向或處理瑣碎事務，進度或許稍慢。緊記保持耐心與專注。大約在春季（農曆三月）過後，事業步伐會逐漸明朗順暢起來，之前的投入有機會被看見，推進專案或尋求發展也較為得心應手。此階段的關鍵在於展現穩定性與解決問題的能力，穩紮穩打為上。

家庭責任與家宅事務是本年需要你額外關注的領域。與長輩的互動、對其健康與生活的關懷，可能會佔據你較多的心神與時間。定期的問候與實際的陪伴顯得格外重要。同時，處理家庭相關的大小事宜也可能較為耗費精力，需多一份體諒與協調。這提醒着你在追求個人目標的同時，別忘了親情維繫與家庭和諧的價值。

在人際互動方面，整體氛圍尚算平和。建議保持低調務實的作風，專注於自身目標，減少捲入無謂的紛爭或口舌是非，有助維持順暢的人際關係。

財務管理是本年度需要謹慎以對的重點。整體財運偏向穩定，但需格外留意風險控制。最為緊要的原則是「避免為他人作借貸擔保」，以規避潛在的金錢糾紛與損失。理財策略應以保守穩健為核心，着重守成，量入為出，審慎評估開支，不適宜進行高風險的投機操作。

總括來説，2026 年屬龍者宜把握學習進修的良機，事業上保持耐心待時機成熟，家庭責任盡心關懷，人際交往平和為貴，財務規劃則以穩守為先。這是一個適合踏實耕耘、累積實力，為未來奠定更穩固基礎的年份。

事業運

2026 年的事業運程，屬龍者會經歷一個先緩後穩的過程。年初可能面臨一些調整期，例如工作內容的轉變、團隊成員的異動，或是需要適應新的規章制度，帶來些微的挑戰感。毋須過於憂慮，保持耐心，專注於當下任務的執行。大約在農曆三月過後，事業上的步伐會日趨明朗與順暢，之前累積的努力有機會被看見，也可能迎來一些新的發展契機或合作可能。此時關鍵在於穩紮穩打，展現你的責任感與解決問題的能力。團隊合作是這一年需要留意的環節，良好的溝通與協調能幫助你更有效地完成目標，減少誤解。對於重要的工作文件、電子資料或專案進度，務必養成多重備份的習慣，以防技術故障或人為疏失造成損失。若有進修或學習新技能的計劃，這一年是相當適合付諸行動的時機，所學知識對長遠的職涯發展將有所裨益。

財運

丙午年的財運對屬龍者而言，強調的是「穩健」二字。正財收入，例如薪金報酬，大致上維持穩定，不太容易出現劇烈的波動。然而，在財務管理上需要格外謹慎。這一年較不適宜進行高風險或自己不熟悉的投機性投資，市場的變動性可能帶來意料之外的損耗。尤其需要避免的是個人借貸或為親友作財務擔保，此類行為容易引發後續的麻煩與糾紛，甚至造成難以挽回的金錢損失。理財策略應以保守為主軸，優先考慮儲蓄、定期定額投資於低風險標的，或償還既有債務。對於非必要的開支，建議多加審視，養成記賬習慣有助於掌握現金流向，確保收支平衡。記住，守住已有的財富，避免無謂的破財風險，是本年度財運平順的關鍵。

愛情姻緣運

在感情方面，2026 年對屬龍者來說是一個傾向於平穩發展與內在連結的年份。對於已有伴侶或已婚者，關係的重點在於日常的相處與相互理解。生活瑣事或工作壓力有時難免會影響情緒，考驗彼此的包容與體諒。多花時間進行有效的溝通，分享感受，並共同參與一些輕鬆的活動，有助於維繫情感的溫度。避免將外部壓力過度帶入關係中，學習適時放下爭執，尋求共識。單身的屬龍朋友，這一年桃花運勢相對平實，較少戲劇性的邂逅。與其刻意強求，不如將心力放在自我提升與拓展生活圈上。透過參與與興趣相關的社團、課程或朋友聚會，自然認識新朋友的機會較大。發展感情宜循

序漸進，建立在相互了解與尊重的基礎上，過於急切反而可能事與願違。無論是何種狀態，真誠對待自己和對方，是感情和諧的基石。

健康運

健康方面，屬龍者在2026年需要特別留意身心狀態的平衡。這一年因事業、學業或家庭事務的投入，容易感到精神上的疲勞與壓力累積，可能間接影響睡眠品質或情緒穩定度。適度的休息與放鬆變得格外重要，學習管理壓力，找到適合自己的舒壓方式，如規律運動、冥想、親近大自然或培養休閒嗜好。身體上，需注意因勞累或疏忽導致的小毛病，例如感冒、腸胃不適或肌肉緊繃等。維持規律的作息和均衡飲食是保健的根本，避免過度熬夜或飲食不節制。對於家中長輩的健康，也需要你付出關心，定期的問候與陪伴，留意其身體變化。整體而言，健康運尚算平穩，但主動的自我照護與預防意識不可或缺，別因忙碌而輕忽了身體發出的警訊。

西曆2026年2月17日至3月18日

新年初始宜沉澱思考，將年度目標分階段規劃。學業進修運勢走強，適合研究課程或制定讀書計劃。職場節奏尚在恢復期，處理重要文件務必同步電子與紙本備份。多關注長輩居家生活細節，簡單問候能傳遞溫暖。

慢慢鋪好路，好事自然來。

西曆2026年3月19日至4月16日

人際網絡自然拓展，透過專業交流或興趣社群易結識新夥伴。工作需協調多方意見，耐心傾聽有助推進合作。進修計劃可進入系統性學習，定期複習成效顯著。家庭事務可能需彈性調整時間，保持包容心應對。

認識新朋友，也要顧好自己的步調。

西曆 2026 年 4 月 17 日至 5 月 16 日

事業動力明顯提升，停滯事務有望重啟，主動整合資源更易突破。考運持續暢旺，應試者宜把握時機全力衝刺。留意長輩健康追蹤需求，預留時間陪同處理。避免因人情壓力輕率承諾借貸。

抓緊機會衝一波，重要的事別拖延！

西曆 2026 年 5 月 17 日至 6 月 14 日

職場職責或有微調，以開放態度適應新變化。新學技能可嘗試應用於實際工作，深化理解。家族聚會增多，關注長輩情緒需求，陪伴即是心意。理財堅持原定穩健策略，不隨市場波動搖擺。

學了新東西就用用看，邊做邊進步最實在。

西曆 2026 年 6 月 15 日至 7 月 13 日

團隊協作成效關鍵，釐清分工可減少溝通耗損。資格認證考試易獲佳績，宜規劃進階學習目標。居家環境微調（如採光通風）有助舒緩壓力。社交支出增加，設定預算避免超支。

西曆 2026 年 7 月 14 日至 8 月 12 日

專業知識進入實踐期，透過實務案例驗證理論。職場需注意流程銜接細節，定期整理電子檔案。親屬事務可能需居中協調，保持中立立場。舊識聯絡帶來新觀點，拓展思維視野。

實際做過才學得會，檔案整理別偷懶！

西曆 2026 年 8 月 13 日至 9 月 10 日

階段性成果浮現，檢視年度目標完成進度。進修者適合參與專題講座補充前沿知識。居家整理雜物有助提升能量，捨棄無用之物。婉拒借貸擔保請求，人際往來明晰分際。

定期清房間也清目標，無壓一身輕。

西曆 2026 年 9 月 11 日至 10 月 9 日

職場能見度提高，冷靜應對突發任務可展現能力。學習進入整合階段，跨領域知識激發創意。提醒長輩定期慢性病追蹤，安排回診時程。理財堅持低風險配置，警惕話術。

突發狀況別慌，穩住就是專業表現！

西曆 2026 年 10 月 10 日至 11 月 8 日

月

年末衝刺階段來臨，優先處理時效性強的任務。專業技能認證可列為年度收尾目標。家庭活動頻繁，合理分配時間避免過勞。人際誤解宜即時溝通，減少無謂猜測。

重要的事先搞定，有話直說最省心。

西曆 2026 年 11 月 9 日至 12 月 8 日

月

創意能量爆發期，適合提案或啟動新專案。職場注意跨部門溝通，書面確認關鍵決議。進修者可挑戰國際認證考試。財務迎小額偏財運，但勿過度投機。健康留意季節轉換保暖。

靈感來時快筆記，重要決策留證據！

西曆 2026 年 12 月 9 日至 2027 年 1 月 7 日

月

人脈資源變現期，過往累積的專業口碑帶來合作機會。學習聚焦實務應用，參與工作坊效益高。家庭聚會宜擔任協調者角色。投資見好即收，保留現金流應對年節開支。

西曆 2027 年 1 月 8 日至 2 月 5 日

年度總結黃金期，覆盤得失並規劃新年方向。職場文件簽署需逐條審閱細節。贈禮預算提前規劃，避免人情壓力。居家安全檢查不可少（電線 / 瓦斯）。健康注意飲食節制。

溫馨過節不忘目標，平安健康才是福！

2026年

塔羅牌12星座貼士

水瓶座

1月21日~2月19日

死神（逆位）

結束未必是句號。捨棄舊計劃時，把可用的經驗打包成工具盒，下次開局直接升級裝備。

雙魚座

2月20日~3月20日

世界（逆位）

完整不等於完美。接受計劃中的小缺口，就像欣賞手工陶器的釉裂，那是獨特的完成式。

白羊座

3月21日~4月20日

隱士（逆位）

當獨處思考變成逃避，試着把困惑説出來。真正的答案有時藏在對話裏，信任的人能幫你點亮迷霧中的燈。

為了給大家提供更多角度，我以塔羅牌為 12 星座不同人士占卜，簡略寫下趨吉避凶貼士。以下是占卜結果。

金牛座

4 月 21 日 ~ 5 月 21 日

戰車（正位）

像精準的導航系統前進，用務實步驟取代蠻力衝刺。協調工作與休息的節奏，反而走得更穩更遠。

雙子座

5 月 22 日 ~ 6 月 21 日

女祭司（逆位）

直覺偶爾會迷路，重要決定多用紙筆理清利弊。過度分析時，給大腦十分鐘放空再重啟。

巨蟹座

6 月 22 日 ~ 7 月 23 日

力量（正位）

溫柔比強硬更有穿透力。面對衝突時，用傾聽代替反駁，你會發現對方盔甲下的柔軟縫隙。

獅子座

7月24日~8月23日

吊人（逆位）

當犧牲感開始蔓延，先檢查是否過度承擔。把「我來處理」換成「你覺得呢？」壓力瞬間減半。放下的比扛起的更重要。

處女座

8月24日~9月23日

審判（正位）

過往經驗突然串聯成線索。某個反覆出現的提醒，其實是內心早已知道的答案在敲門。你需要的不是新建議，是行動力。

天秤座

9月24日~10月23日

愚人（逆位）

冒險精神請用在週末小旅行，重大決策則要檢查三次清單。

天蠍座

10月24日~11月22日

月亮（正位）

模糊地帶藏着寶藏。別急着定義那些說不清的感受，像觀察雲朵變化般保持開放心態。有些答案需要時間。

射手座

11月23日~12月22日

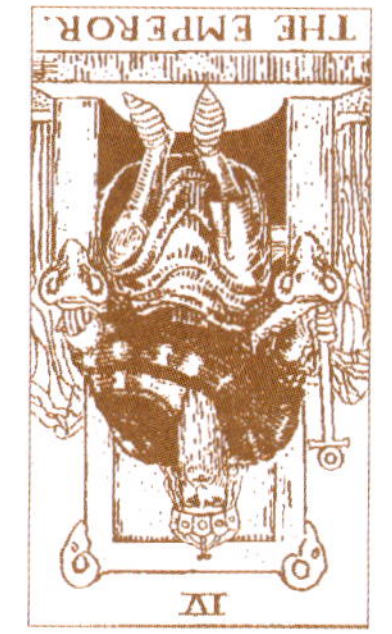

皇帝（逆位）

規則是為服務人而存在。當流程阻礙效率時，禮貌提出改進方案比默默忍受更有建設性。成熟的叛逆是帶着解決方案。

摩羯座

12月23日~1月20日

戀人（正位）

重要關係需要定期保養。設定每月一次「無手機晚餐」，專注的眼神比禮物更滋養情感。

肖龍

2026年

提升身心靈頻率小貼士

每個人都有屬於自己的能量場，反映身心靈的健康程度。能量以稱為「頻率」的不同幅度振動，能量愈正面頻率愈高，反之能量愈負面頻率愈低。我將提供不同方法，助你在新一年提升自己的身心靈頻率，令你的身心靈更健康，還能同頻同振，吸引更多好能量、好人好事來到身邊！

2026 年對屬龍的朋友而言，是培養內在韌性與外在節奏平衡的契機。你們天生具備的行動力與抱負心，今年適合透過「減法哲學」來優化能量分配。當感受到思緒紛雜或疲憊時，不妨嘗試基礎版呼吸法——每日早晚靜坐五分鐘，單純觀察氣息進出鼻腔的路徑，不刻意控制頻率。這種錨定當下的練習能逐步提升專注閾值，尤其在處理耗神的家宅事務或工作文件時，幫助維持清明狀態。

身體層面需關注「動靜交替」的節奏。高強度活動後，用十五分鐘溫和拉伸平衡能量，例如靠牆倒箭式（雙腿垂直倚牆平躺）促進血液循環，或簡單肩頸繞圈釋放緊繃感。重點不在運動時長，而是建立「開機與關機」的切換意識——就像手機需要充電模式，身體也需要從輸出狀態轉入修復狀態。

飲食可視為能量調頻工具。增加天然食材的佔比，如當季深色莓果、綠葉蔬菜與堅果種子，它們像微型電池般提供穩定養分。特別忙碌的日子，一杯溫熱薑茶比咖啡更能溫和提神，避免能量驟升驟降。若外食居多，點餐時默念「三色原則」（餐盤有綠、紅、白三色食材），簡單指引營養均衡。

心理能量管理尤為重要。每晚睡前用三分鐘回顧當日「小成就」，例如準時完成工作、耐心傾聽家人，或成功拒絕一次擔保請求。這些微小肯定如同心靈存摺，積累內在底氣。當外界變動引發焦慮時，握拳深吸氣五秒再緩緩吐氣鬆開，重複三次，物理性釋放壓力。

今年最適合的成長方向，是在日常中實踐「清醒覺知」。通勤時觀察車窗外的樹影變化，用餐時感受食物原味，對話時真正聽見對方語意而非急着回應。這些片刻的專注，會像細雨滲透土壤般，無聲滋養你的內在頻率。記住，提升不在於戲劇性轉變，而是讓覺知之光照進每個平凡選擇裏。

year of

蛇 巳

snake

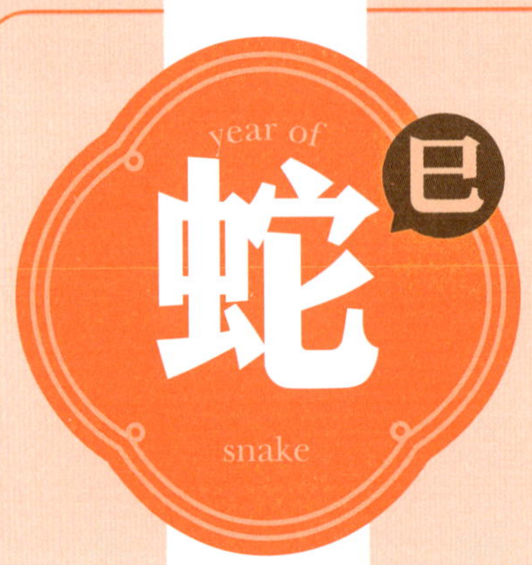

1953
1965
1977
1989
2001
2013
2025

幸運顏色

米白色

土色緩衝，降低多疑

綠色

木生火，激發潛能

金色

火生土（土生金），
財富轉化

幸運數字

3

蛇變數，智慧升級

5

自由數，破局重生

9

大成數，暗藏機遇

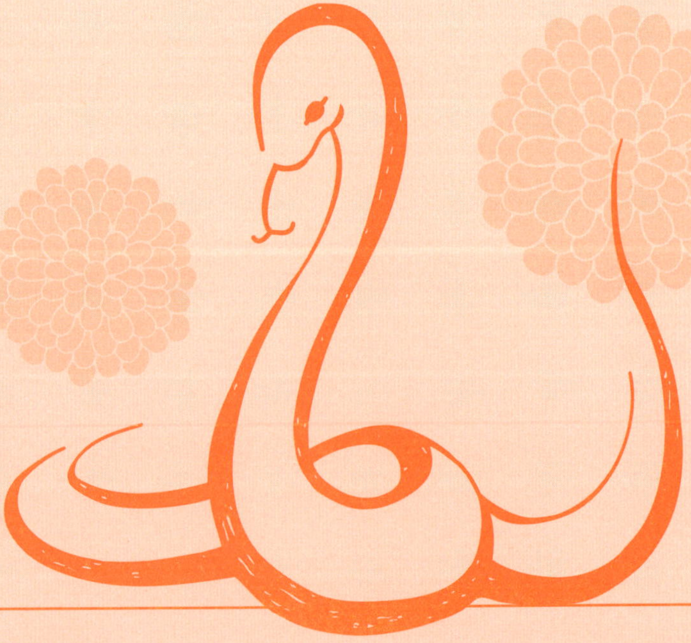

整體運程

2026 年對屬蛇的朋友而言，是一場蛻變重生與穩健扎根的雙軌旅程。這一年你們將在變動中尋覓新機，尤其在職場領域可能迎來轉換舞台的契機。當新機會敲門時，與其被表象的頭銜或待遇吸引，不如靜心審視三個關鍵問題：這份工作能否發揮我的核心優勢？新環境的文化是否與我的價值觀契合？未來的成長是否清晰？這種深度思考能幫助你將過往經驗轉化為適應新挑戰的韌性，而非簡單複製舊模式。值得注意的是，變動初期難免有磨合陣痛，預留兩至三個月的心理緩衝期，允許自己逐步調整節奏。

健康管理是本年不可輕忽的課題。那些時隱時現的疲倦感、反覆糾纏的肩頸僵硬或偶爾的消化不適，其實是身體發出的長期預警訊號。與其依賴短期特效療法，更應建立「預防型生活儀式」——每日晨起十分鐘溫和拉伸啟動身體，午間閉眼深呼吸三次重置思緒，睡前用溫熱毛巾敷頸鬆弛神經。這些微小卻持續的習慣，比突擊式養生更能鞏固生命根基。

財務規劃需秉持「明察秋毫」的態度。簽署任何文件前，務必釐清三類條款：自動續約機制、隱性費用計算方式、提前終止的違約責任。遇到專業術語或模糊表述時，大方要求對方用白話文解釋清楚。人際互動則需練習設立溫和界限——當他人提出耗神請求時，試着回應「我需要點時間評估能否協助」，取代慣性的「沒問題」。這種暫停機制能避免過度承擔他人事務，保留能量給真正重要的事。

今年最深刻的成長，往往來自「減法哲學」的實踐。每月檢視生活三個面向：精簡一項無效社交活動（如強迫性飯局）、清理一類閒置物品（兩年未用的電子配件）、暫停一筆消耗性開支（自動續訂卻少用的服務）。騰出的物理與心理空間，將成為滋養新可能性的土壤。記住，變動的本質不是顛覆，而是幫你篩選出生命中最值得投入的珍寶。當外界風浪起伏時，保持如蛇般的沉靜定力與務實步伐，方能將波動轉化為前進的深沉動能。

事業運

本年事業呈現「破繭重構」的態勢。農曆三月前後易遇轉職契機或新領域挑戰，決策時需衡量兩項關鍵：新崗位能否深化專業？團隊文化是否支持持續成長？初期適應階段宜保持觀察者姿態，先理順工作流程與人際網絡，再逐步釋放實力。

簽署合作協議時，務必確認三項細節：執行時間表、成果驗收標準、爭議解決機制。團隊協作需釐清責任歸屬，模糊地帶往往是磨擦源頭。若考慮技能跨界，可透過業餘專案或短期進修試探水溫，將新舊能力交融為「T 型競爭力」——既有垂直深度，亦具橫向彈性。記住，真正的突破不在職稱變化，而在能力版圖的戰略性擴張。

財運

財務流動如溪澗穿石，貴在持久定向。正財隨事業變動或有波動，建議預存三個月應急金緩衝風險。投資建議七成資金配置低波動標的（如高評級債券、指數基金），三成用於熟悉領域的創新機會。簽署任何合約前，重點審查三類條款：自動續約觸發條件、隱性費用計算方式、提前解約賠償規則。美容消費易陷「維護成本陷阱」，大額支出前先試用小樣體驗實際需求。辦公室桌面保留簡潔空間，放置米白色系文具或杯具，有助抑制衝動消費。

每週設定「消費冷靜日」，延後非必要採購決定，往往發現多數慾望會自然消散。

愛情姻緣運

情感進入「減速提質」階段。有伴侶者需建立「情緒防火牆」——工作壓力不帶進家門，每日設定三十分鐘無干擾對話時段，專注分享日常見聞而非解決問題。單身者桃花多現於知識型場域（進修課程、專業論壇），共同成長目標比浪漫火花更利長期發展。新戀情忌諱速成承諾，前三個月重點觀察對方處事邏輯與衝突應對模式。價值觀差異浮現時，與其說服對方，不如探索背後成因——「節儉」可能源於責任感，「衝動消費」或反映情感補償需求。親密關係的本質，是讓彼此在安心做真實自己的同時，仍願為對方微調稜角。

健康運

身體管理需着眼「防微杜漸」。長期用電腦者每五十分鐘實踐「三二一法則」——伸展肩頸三分鐘、遠眺窗外二分鐘、飲水一杯。腸胃敏感族群避免冰飲與油炸物，早餐溫熱粥品（如小米南瓜粥）

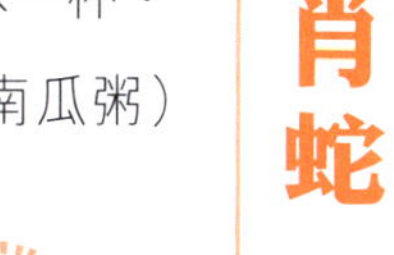

可修復黏膜。慢性不適建議製作「症狀日誌」，記錄發作時間、情境與緩解方式，就診時提供醫師參照。情緒低潮時嘗試「客觀書寫法」——將煩惱逐條寫下，在每項旁註明「我可控 / 不可控」分類，聚焦前者行動。睡前九十分鐘啟動「電子齋戒」，暖黃燈光下閱讀紙本書或靜坐，有助提升深度睡眠比例。記住，身體是精密的夥伴而非工具，定期保養遠勝故障維修。

2026年

每月運程

西曆 2026 年 2 月 17 日至 3 月 18 日

新年初始宜沉穩觀察環境變化，職場暫以鞏固現有事務為優先，避免春季前重大調整。健康留意溫差引發的舊疾反應，外出攜帶輕薄外套護住後頸。財務保持審慎，消費前先釐清「必要」與「非必要」項目。人際聚會適度參與，溫馨問候勝過應酬式寒暄。

打好健康地基，未來才能蓋高樓！

西曆 2026 年 3 月 19 日至 4 月 16 日

職場交流機會增多，參與行業活動易獲新啟發。重要文件務必雙重備份，口頭協議補發文字紀錄確認。飲食注意定量節制，七分飽讓腸胃更舒適。每日晨起做五分鐘肩頸繞圈運動，活絡筋骨。

點子像種子，每大澆水會發芽。

西曆 2026 年 4 月 17 日至 5 月 16 日

事業新契機浮現，評估重點放在長期發展潛力。簽約前確認試用規則與終止條款，保留彈性空間。健康從基礎着手，晚餐後散步二十分鐘助消化放鬆。睡前改讀紙本書籍，減少藍光影響睡眠品質。

選機會像選路，方向比速度重要！

西曆 2026 年 5 月 17 日至 6 月 14 日

新環境適應需要耐心，首週優先理清工作流程與溝通管道。美容支出暫緩決定，先體驗試用品觀察實際效果。辦公室添置小型盆栽，照料過程轉化為每日減壓儀式。空調環境注意腰腹保暖，避免受涼不適。

新挑戰像學游泳，嗆幾口水就上手！

西曆 2026 年 6 月 15 日至 7 月 13 日

團隊合作需明確責任分工，運用共享工具標示時間節點。財務設定雙重提醒，避免賬單逾期疏漏。肩頸養護用溫熱毛巾敷十分鐘，搭配輕柔按壓。濕熱季節多飲冬瓜茶祛濕解暑。

分工清楚少磨擦，合作更愉快。

西曆 2026 年 7 月 14 日至 8 月 12 日

月

專業進修黃金時段，線上課程彈性安排學習進度。合約續約前檢視內容實用性，取消閒置服務。飲食多選清蒸涼拌，午後饞嘴以無糖豆漿替代甜品。睡眠穿薄棉襪保暖足部，提升休息效果。

知識像存款，存得多選擇多！

西曆 2026 年 8 月 13 日至 9 月 10 日

月

工作成果漸顯，專注自身節奏莫比較他人。全面檢查自動續訂服務，停用半年未使用的項目。採用間歇工作法一專注二十五分鐘後望遠放鬆雙眼。睡前準備次日衣物用品，減輕晨間決策負擔。

花開各有時，照自己步調走！

西曆 2026 年 9 月 11 日至 10 月 9 日

月

職場表現機會增多，重要簡報前模擬練習調整節奏。美容決策自問：「半年後還在意這效果嗎？」晨起空腹飲溫水啟動代謝，午後按壓虎口穴提神。文件簽署重點標示關鍵條款審閱。

練習夠熟練，上台更自在！

西曆 2026 年 10 月 10 日至 11 月 8 日

年度計劃中期檢視，刪減低效益事務騰出精力。人際關係去蕪存菁，保留真誠互動的圈子。睡前聆聽自然白噪音助眠，手機遠離臥室。深秋多吃蜂蜜燉梨潤燥，口罩防冷風刺激。

少而精的生活，品質更高更舒心！

西曆 2026 年 11 月 9 日至 12 月 8 日

專注未完成事項收尾，新計劃留待明年啟動。關懷長輩從日常對話切入：「最近睡得好嗎？」圍巾護住頸後大椎穴，預防風寒感冒。合約溝通保留書面紀錄，保持平和態度。

收尾收得圓滿，新年才有新空間！

西曆 2026 年 12 月 9 日至 2027 年 1 月 7 日

社交支出設預算上限，禮物重心意輕價格。工作時每小時提醒伸展喝水，活絡身體。合作承諾要求文字確認，避免記憶落差。泡腳水位浸過腳踝，加薑片驅寒保暖。

真心祝福最溫暖，健康習慣更長久！

西曆 2027 年 1 月 8 日至 2 月 5 日

大掃除分階段進行，每日整理一個抽屜或櫃層。工作賬號設定免打擾時段，下班徹底放鬆。泡腳水溫維持 40℃左右，十五分鐘微汗即止。聚會飲食七分飽，保留舒適餘裕。

休息是高效燃料，充飽電再啟程！

2026年
塔羅牌12星座貼士

水瓶座
1月21日~2月19日

皇帝（正位）

高效組織力爆發月。用「二十五分鐘專注 + 五分鐘休息」節奏處理積壓事務。

雙魚座
2月20日~3月20日

愚人（正位）

好奇心驅動創意。週末嘗試新路線散步、拜訪陌生小店，激發新鮮靈感。小冒險是心靈維他命。

白羊座
3月21日~4月20日

塔（逆位）

突變能量轉化期。當計劃生變，與其對抗不如快速調整——保留核心目標，彈性改變路徑。風向變了就調帆，照樣到岸！

為了給大家提供更多角度，我以塔羅牌為 12 星座不同人士占卜，簡略寫下趨吉避凶貼士。以下是占卜結果。

金牛座

4月21日~5月21日

皇后（正位）

滋養力滿載的月份。優先照顧身心需求——一頓慢吃早餐、午後公園散步，比昂貴消費更療癒。把自己當頂級客戶款待。

雙子座

5月22日~6月21日

審判（逆位）

他人評價暫放一邊。列出「我欣賞自己的三個特質」，每天強化這份自我認同。你的價值不需別人認同。

巨蟹座

6月22日~7月23日

惡魔（正位）

覺察慣性束縛的時刻。當感到「不得不做」時，自問：「這真是我的選擇嗎？」看見枷鎖是自由的第一步。

獅子座

7月24日~8月23日

星星（逆位）

希望感稍弱的階段。聚焦當下可掌控的小事——整理書桌、煮杯好茶，重拾生活錨點。微光也能照亮腳前三步路。

處女座

8月24日~9月23日

戰車（正位）

雙馬同步奔馳期。工作與健康需平衡並進——開會間歇做伸展，加班後補足睡眠。

天秤座

9月24日~10月23日

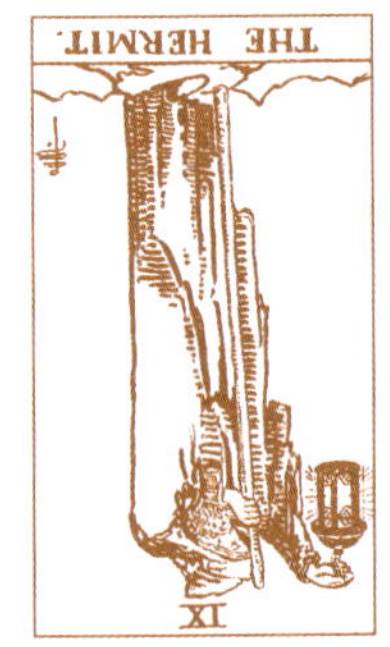

隱士（逆位）

閉門思考易鑽牛角尖。找信任對象聊十分鐘，他人一句話可能點亮盲點。

天蠍座

10月24日~11月22日

世界（正位）

階段性圓滿達成時。完成比完美重要，小慶祝後立刻規劃下階段。獎勵自己才能走更長遠。

射手座

11月23日~12月22日

月亮（逆位）

模糊地帶逐漸清晰。用「事實vs擔憂」二分法表格釐清現狀，聚焦可行動項。迷霧散後路自現。

摩羯座

12月23日~1月20日

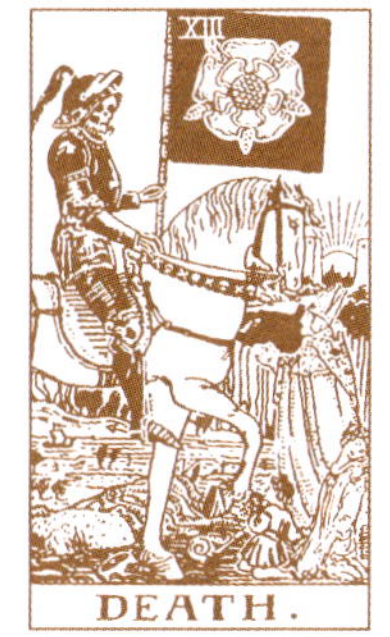

死神（正位）

斷捨離黃金期。刪除半年未用的App，退出無效群組，空間清爽思路更清。清出空間好裝新禮物。

肖蛇

2026年 提升身心靈頻率小貼士

每個人都有屬於自己的能量場，反映身心靈的健康程度。能量以稱為「頻率」的不同幅度振動，能量愈正面頻率愈高，反之能量愈負面頻率愈低。我將提供不同方法，助你在新一年提升自己的身心靈頻率，令你的身心靈更健康，還能同頻同振，吸引更多好能量、好人好事來到身邊！

2026 年對屬蛇的朋友而言，是培養內在韌性與外在節奏平衡的契機。你們天生的洞察力與適應力，今年適合透過「減法哲學」優化能量分配 —— 當感受到思緒紛雜時，嘗試每日早起五分鐘靜觀呼吸 —— 單純感受氣息在鼻腔的流動，不刻意控制頻率，這項錨定當下的練習能提升專注閾值，尤其在處理耗神的合約文件或職場變動時，幫助維持思緒清明。身體層面需關注「動靜平衡」節奏，高強度工作後用十五分鐘溫和伸展重置狀態，例如靠牆倒箭式（雙腿垂直倚牆平躺）促進血液回流，或肩頸繞圈釋放緊繃，重點不在時長而在建立「開機與關機」的切換意識。

飲食可視為能量調頻工具，增加天然食材比例，如當季深色莓果、綠葉蔬菜與堅果種子，它們像微型電池提供穩定養分。忙碌時一杯溫熱薑茶比咖啡更溫和提神，避免能量驟升驟降。心理能量管理尤為關鍵，每晚睡前記錄三件「今日小成就」——可能是準時完成工作、耐心傾聽家人，或成功拒絕非必要消費，這些微小肯定如同心靈存摺，累積內在底氣。當外界變動引發焦慮，試着握拳深吸五秒緩緩吐氣，重複三次釋放緊繃感。

今年最深刻的成長在實踐「清醒覺知」——通勤時觀察窗外樹影搖曳，用餐時細嚼食物原味，對話時真正聆聽語意而非準備回應。這些片刻專注會如春雨滲入土壤，無聲滋養你的內在頻率。記住，提升不在戲劇性轉變，而在讓覺知之光照進每個平凡選擇裏。

二〇二六
16型MBTI人格
塔羅開運指南
丙午馬年
附錄一

最近很多人跟我談這種人格分類，對於幫助大家認識自己工作感情生活上也是一個好的參考，所以今年的生肖運程我也特別為每一個人格抽取了一個塔羅牌為不同人格的你帶來一個指引！

INTJ 戰略家

擅下棋的戰略家，總在腦中推演十步後

抽牌：死神（逆位）

核心啟示：

當變革來臨卻緊抓舊秩序，易錯失新生機。

行動指引：

當有突發變故，寫下「失控的三種可能性收益」。

INTP 學者

為真理拆解萬物的思想實驗狂

抽牌：星星（正位）

核心啟示：

過度懷疑將遮蔽靈感，需重拾純粹信念。

行動指引：

設「荒謬點子存摺」，每日存一個違反理性的構想。

ENTJ 指揮官

自帶擴音器的團隊推進器

抽牌：女祭司（逆位）

核心啟示：

行動霸權壓制直覺時，決策將失準。

行動指引：

開會前閉眼 90 秒，想像月光灑滿會議室。

ENTP 發明家

用槓精精神顛覆常規的創意噴泉

抽牌：愚人（正位）

核心啟示：

背負「顛覆」包袱將窒息創造，回歸赤子之心。

行動指引：

練習太極，在動靜轉換間聆聽身體智慧。

INFJ 諮詢師

看透人心卻易受傷的靈魂嚮導

抽牌：月亮（逆位）

核心啟示：

透析他人卻迷失自我時，需主動擁抱陰影。

行動指引：

每月進行「暗夜對話」，對鏡質問「我真正要甚麼？」

INFP 療癒者

為理想燃燒的純真者

抽牌：戀人（逆位）

核心啟示：

追求靈魂伴侶幻象時，將錯過真實的溫度。

行動指引：

每日記錄「愛」，如便利店員的微笑。

ENFJ 教育家

點燃他人潛能的超級教練

抽牌：審判（正位）

核心啟示：

召喚他人覺醒前，需先完成自我救贖。

行動指引：

錄製「自我赦免錄音」，列出三項自責反覆播放赦免。

ENFP 追夢人

把世界當遊樂場的點子發電機

抽牌：太陽（逆位）

核心啟示：

燃燒自我照亮他人，終將陷入能量日蝕。

行動指引：

用 APP 設定「陰影警報」，當日程滿檔時強制空白兩小時。

ISTJ 檢查員

用 Excel 管理生活的鋼鐵執行者

抽牌：皇帝（逆位）

核心啟示：

堅守規則高牆時，腳下岩漿正在湧動。

行動指引：

每週選一項 SOP 反向執行。

ISFJ 守護者

默默記住你喜好的溫暖後盾

抽牌：皇后（正位）

核心啟示：

過度滋養他人時，自己的豐饒花園正在荒蕪。

行動指引：

在圍裙繡石榴圖案（豐產象徵），烹飪時感受大地能量。

ESTJ 執行官

自帶進度條的團隊火車頭

抽牌：戰車（逆位）

核心啟示：

全速衝刺卻方向迷失時，撤退才是真戰略。

行動指引：

關閉 GPS，憑直覺選擇岔路。

ESFJ 執政官

用愛發電的社交中心樞紐

抽牌：力量（正位）

核心啟示：

馴服他人情緒時，別遺忘內在的原始勇氣。

行動指引：

設定「野性時刻」，每天對鏡咆哮三次釋放壓力。

ISTP 工匠

動手拆裝世界的沉默大師

抽牌：隱士（逆位）

核心啟示：

孤身探索深淵時，你的燈火正是他人路標。

行動指引：

舉辦「失敗博覽會」，展出搞砸的作品並解說教訓。

ISFP 藝術家

把生活過成詩的溫柔叛逆者

抽牌：倒吊人（正位）

核心啟示：

掙脫世俗枷鎖的關鍵，在於接納「懸停」的智慧。

行動指引：

參悟禪宗「飢來吃飯，睏來即眠」的自在。

ESTP 冒險家

用腎上腺素思考的行動派

抽牌：惡魔（逆位）

核心啟示：

沉溺感官刺激時，枷鎖其實早已鬆動。

行動指引：

每月來一天「感官齋戒」，禁絕聲色刺激。

ESFP 表演者

把超市變舞台的歡樂發射器

抽牌：世界（正位）

核心啟示：

追逐舞台掌聲時，你已是宇宙劇場的主角。

行動指引：

日常佩戴地球儀項鍊，連結行星韻律。

二〇二六
每週身心靈健康
能量BATH
丙午馬年
附錄二

2026 年 1 月

1/1-3

「新年第一天，我選擇平靜面對變化。像呼吸一樣自然接受新開始。」

1/4-10

「寒冷時照顧身體，熱茶暖手時提醒自己：此刻就是圓滿。」

1/11-17

「工作壓力大時，默念三次『見山仍是山』，回歸簡單心態。」

1/18-24

「睡前十分鐘靜坐，觀想雜念如雲飄過，不執着不追逐。」

1/25-31

「親人相聚時練習耐心聆聽，像觀音菩薩般不帶評判。」

本月實修

- **脈輪平衡**

  晨起搓熱雙掌按摩後腰（腎區），觀想紅光增強生命力。

- **草藥茶**

  桂圓 5 顆 + 枸杞 1 匙 + 紅棗 2 顆，煮 10 分鐘（補氣抗寒）。

- **淨化魔法**

  玄關放粗鹽碗，進門時拍衣角三下釋放負能量。

2026 年 2 月

2/1-7

「立春吃新鮮蔬菜時感恩：大地供養讓我身心清爽。」

2/8-14

「送自己一小束花，明白美麗不必昂貴，喜悅在簡單處。」

2/15-21

「情緒波動時深呼吸七次，告訴自己：這感覺會過去。」

2/22-28

「晨光中散步十分鐘，感受陽光如何自然照亮萬物。」

本月實修

- **脈輪平衡**

  洗澡時用海鹽磨砂膏按摩小腹，想像橙光消除焦慮。

- **草藥茶**

  玫瑰 3 朵 + 陳皮 1 片 + 蜂蜜（疏肝解鬱）。

- **淨化魔法**

  錢包放月桂葉，消費前觸摸葉片避免衝動購物。

2026年 3 月

3/1-7

「整理衣物時練習放下，不需要的就祝福它離開。」

3/8-14

「雨天通勤塞車時，心中默誦『隨緣不變』保持平和。」

3/15-21

「聽見鳥鳴暫停三秒，學習自然界的自在節奏。」

3/22-28

「清潔家居時觀想：掃塵除垢如同清除心靈垃圾。」

3/29-4/4

「母親打電話時真正聆聽，不插話不建議，只是聆聽。」

本月實修

- **脈輪平衡**

  飯後金黃檸檬切片聞香，觀想太陽神經叢發光。

- **草藥茶**

  蒲公英根 + 薄荷葉（排毒助消化）。

- **淨化魔法**

  電腦旁放黑曜石，工作前觸摸三秒。

2026年 4 月

- **4/5-11**
  「母親打電話時真正聆聽，不插話不建議，只是聆聽。」
- **4/12-18**
  「決策困難時寫下利弊，然後靜坐問內心：哪個選擇更安心？」
- **4/19-25**
  「辦公室放小盆栽，澆水時提醒自己：成長需要耐心。」
- **4/26-5/2**
  「練習接納：有些事急不來。」

本月實修

- **脈輪平衡**
  公園觸摸樹皮五分鐘，想像綠光修復人際創傷。
- **草藥茶**
  綠茶＋茉莉花＋決明子（清肝明目）。
- **淨化魔法**
  門把掛尤加利葉束，阻隔外界負面能量。

2026年 5 月

5/3-9

「週末登山流汗時，感受身體如何與大地合作。」

5/10-16

「設定手機每三小時震動一次，暫停檢查呼吸是否緊繃。」

5/17-23

「酷暑中喝溫水不貪冰，保護脾胃就是愛自己。」

5/24-30

「失眠時不焦躁，起身靜坐觀月，明白黑夜也會過去。」

本月實修

- **脈輪平衡**
  雙手抱胸輕拍（蝴蝶拍），觀想心輪*粉光修復傷痛。
- **草藥茶**
  洋甘菊＋蘋果乾（舒緩緊張）。
- **淨化魔法**
  手機貼紫水晶貼片，通話前深呼吸三次。

* 相關的脈輪位置及圖解請參閱p246

2026年 6 月

5/31-6/6

「吃西瓜時專注品嚐，清甜多汁的當下就是幸福。」

6/7-13

「宅家時，趁機整理相冊，回憶珍貴但不必囤積。」

6/14-20

「視訊會議前閉眼十秒，設定『溫和而堅定』的溝通意圖。」

6/21-27

「清晨五點醒來看曙光，體驗城市難得的寧靜時刻。」

6/28-7/4

「睡前關機一小時，閱讀讓大腦自然放鬆。」

本月實修

- **脈輪平衡**

  淋浴時仰頭哼鳴「嗡」聲，激活喉輪*表達力。

- **草藥茶**

  檸檬草 + 迷迭香（提神醒腦）。

- **淨化魔法**

  鞋櫃放雪松木片，進門前跺腳三下釋放濁氣。

* 相關的脈輪位置及圖解請參閱p246

2026年 7 月

7/5-11

「咽乾時，小口喝溫水並感恩：身體正在提醒我照顧它。」

7/12-18

「排隊時，觀察呼吸三次，將等待轉為平靜練習。」

7/19-25

「登高時，特別感受長輩步伐，學習生命的韌性。」

7/26-8/1

「心煩時，立刻放下手機做十次深蹲轉移焦點。」

本月實修

- **脈輪平衡**

  眉間點薄荷精油，用冰鎮湯匙冷敷醒腦。

- **草藥茶**

  冬瓜皮 + 荷葉煮水（消暑祛濕）。

- **淨化魔法**

  冷氣出風口掛絲柏精油棉片，淨化循環空氣。

2026年 8 月

8/2-8

「撿片落葉夾進日記，見證無常中的自然之美。」

8/9-15

「寫總結時，先列三件感恩小事，再規劃未來。」

8/16-21

「購物前自問：這是需要還是想要？延遲三天再決定。」

8/23-29

「衝突時默唸：對方也在受苦，先傾聽不反擊。」

8/30-9/5

「雜亂的桌面是心念的投射，整理環境就是整理思緒。」

本月實修

- **脈輪平衡**

  午休時平躺，額頭敷溫熱綠豆眼罩平衡能量。

- **草藥茶**

  菊花 + 金銀花 + 甘草（降火消炎）。

- **淨化魔法**

  錢包放稻穀七粒，消費時提醒豐盛流動。

2026年 9 月

9/6-12

「新學期筆記本首頁寫：『成長比成績重要』，每天翻開提醒自己。」

9/13-19

「秋燥時小口喝水，感受身體需求。自我關懷從細微處開始。」

9/20-26

「睡前一小時關閉電子設備，讓大腦回歸自然節奏。」

9/27-10/3

「散步時觀察落葉飄零，學會放下不再服務生命的事物。」

本月實修

- **脈輪平衡**
  赤腳踩鵝卵石五分鐘，想像棕光接地穩定。
- **草藥茶**
  梨片 + 百合 + 冰糖（潤肺防燥）。
- **淨化魔法**
  枕頭下放乾薰衣草袋，阻隔噩夢干擾。

2026年 10 月

10/4-10

「長假後調整節奏，晨起列三項優先任務，專注當下不貪多。」

10/11-17

「手機出現通知時，先暫停，呼吸三次，想想是否需立即回應。」

10/18-24

「天涼泡腳養生，40℃溫水滋養身心，簡單儀式找回平靜。」

10/25-31

「意見不合時先完整聆聽，理解對方立場再回應。」

本月實修

- **脈輪平衡**

  泡腳時加薑片，按摩腳底湧泉穴引氣下行。

- **草藥茶**

  山楂 + 陳皮 + 桂花（消食解膩）。

- **淨化魔法**

  外套噴自製淨化噴霧（礦泉水 + 海鹽 + 檸檬汁）。

2026年 11 月

11/1-7

「高壓工作設定提醒：每小時暫停作伸展，身體比任務重要。」

11/8-14

「冬日點燭光，靜心觀想溫暖需要關懷的人。」

11/15-21

「購物前列清需求清單，讓消費成為清醒選擇。」

11/22-28

「品嚐當季食物時全神貫注，簡單滋味蘊含生活豐盛。」

11/29-12/5

「節日燈光下深呼吸，欣賞不攀比，光華本是心中映照。」

本月實修

- **脈輪平衡**

  戴藍紋瑪瑙，開會前握着增強表達力。

- **草藥茶**

  紅豆 + 茯苓 + 薏仁（祛濕養顏）。

- **淨化魔法**

  辦公椅墊下放編織薑茅草圈，防小人中傷。

2026年 12 月

- **12/6-12**
「消費前先暫停三日，讓衝動沉澱為明智選擇。」
- **12/13-19**
「年終整理及感恩每件物品，珍重告別不再需要的。」
- **12/20-26**
「煮食時專注當下過程，心意勝過形式完美。」
- **12/27-1/2**
「新年設定小目標：每日靜坐五分鐘，落實即是成長。」

本月實修

- **脈輪平衡**
太極練習五分鐘，調和全身氣場。
- **草藥茶**
肉桂棒＋橙皮＋紅茶（暖身迎新）。
- **淨化魔法**
年曆背面寫想釋放的事，跨年夜燒化迎新。

2027年 1 月

- **1/3-9**
「新年曙光中深呼吸，放下舊年包袱，此刻即是全新開始。」

- **1/10-16**
「設定務實小目標，如『每日喝足八杯水』，微行動勝過空想。」

- **1/17-23**
「掃除從抽屜開始，每整理一處，默念『心靈空間同步清淨』。」

- **1/24-30**
「圍爐時放下手機，專注家人笑容，團圓心意比佳餚珍貴。」

- **1/31-2/6**
「寒流來襲三層保暖法：內排汗、中保暖、外防風，照顧身心是根本修行。」

本月實修

- **脈輪平衡**
彩虹冥想三分鐘（紅到紫光快速掃描全身）。
- **草藥茶**
生薑 + 黑糖 + 紅棗（增強免疫）。
- **淨化魔法**
門檻撒肉桂粉，形成保護能量界線。

* 印度哲學認為脈輪存在於身體中，體現我們的能量、身體及心靈的健康狀況。主要有七個輪位，分別是：海底輪、臍輪、太陽輪、心輪、喉輪、眉心輪和頂輪，沿着脊椎至頭頂分佈。每個人都有獨特的脈輪狀態，若脈輪失衡，便會產生對應的身體病症，以至對心靈造成影響，因此需要自我覺察和注意保養。不同脈輪對應不同的器官與心靈意義。如下：

	對應器官	心靈意義
1 海底輪	骨、足、脊髓等	生存、安全感等
2 臍輪	腎、腰、生殖系統等	感官、快樂、生命力等
3 太陽輪 又稱太陽神經叢	胃、脾、肝、膽、胰、消化系統等	理性、知識、行動力等
4 心輪	心臟、肺、呼吸系統、免疫系統、胸腺等	情感、愛、包容、心靈富足等
5 喉輪	喉嚨、氣管、口腔、牙齒、甲狀腺等	靈感、人際關係等
6 眉心輪 又稱第三眼	眼、鼻、耳、松果體等	洞察力、創意、直覺等
7 頂輪	大腦、腦下垂體等	精神、靈性

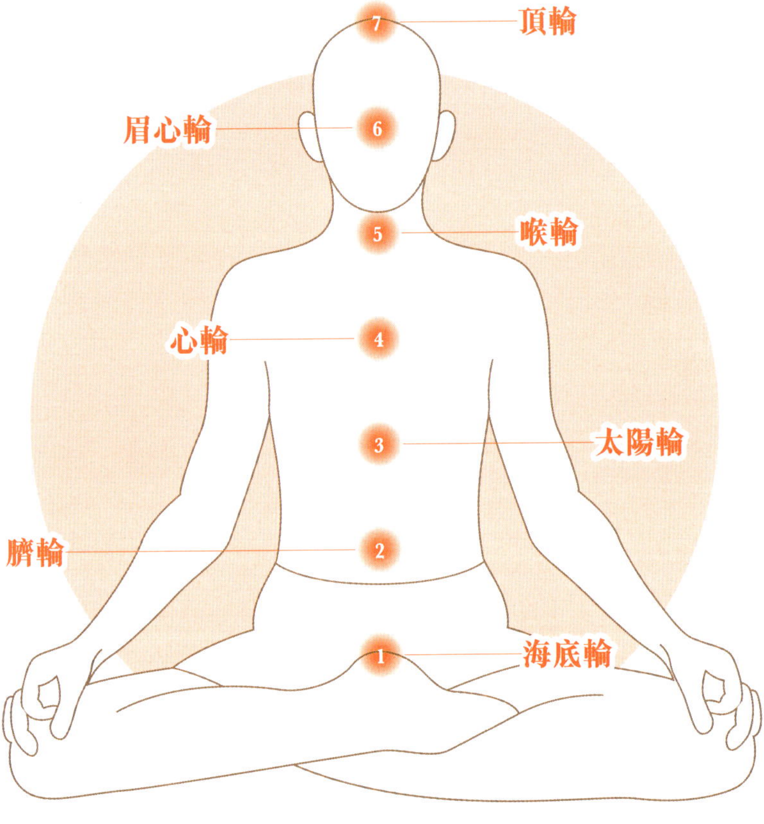

7 頂輪

6 眉心輪

5 喉輪

4 心輪

3 太陽輪

2 臍輪

1 海底輪

作者
七仙羽

責任編輯
蘇慧怡

攝影
Henry Law

裝幀設計
鍾啟善

排版
鍾啟善、辛紅梅

出版者
知出版社
香港北角英皇道 499 號北角工業大廈 20 樓
電話：2564 7511　　傳真：2565 5539
電郵：info@wanlibk.com
網址：http://www.wanlibk.com
http://www.facebook.com/wanlibk

發行者
香港聯合書刊物流有限公司
香港荃灣德士古道 220-248 號荃灣工業中心 16 樓
電話：2150 2100　　傳真：2407 3062
電郵：info@suplogistics.com.hk
網址：http://www.suplogistics.com.hk

承印者
美雅印刷製本有限公司
香港觀塘榮業街 6 號海濱工業大廈 4 樓 A 室

出版日期
二〇二五年八月第一次印刷

規格
32 開（148mm × 210mm）

Published in Hong Kong, China by Cognizance Publishing,
a division of Wan Li Book Company Limited.

ISBN 978-962-14-7639-5